本を通して世界と出会う

シリーズ
読書コミュニティのデザイン

中高生からの読書コミュニティづくり

秋田喜代美・庄司一幸 編
読書コミュニティネットワーク 著

北大路書房

はじめに――読書コミュニティのデザイン第1巻刊行にあたって

書棚から手に取った一冊の本との出会い、ある人からかけられたひとことの言葉、ふと目にとまったテキストの一行。読書の始まりは、出会いの偶然性に支えられる面が大きいように思えます。けれども一冊の本の世界に没入した経験から、本の世界、本文化への参画が開かれていきます。本を介した人の出会いの連鎖が生まれていく中で、語り合い共振しながら多様な知恵が集まり、これからの読書のあり方への展望（ビジョン）が生まれ、読書という文化的な活動が今後も継続的に支えられ受け継がれていくのではないでしょうか。

情報化社会の中で、中高校生の活字離れや本を読む生徒と読まない生徒の二分化が言われて久しくなります。しかし、２０００年の子ども読書年や子ども読書活動推進法、各自治体行政での読書活動推進計画の策定などの読書推進施策の制定と歩みをともにする形で、子どもたちに豊かな読書経験をという人々の志によって、読書をめぐるさまざまな変化が目に見える形で現実に起こってきています。読書を通した絆の円環の中で、本によって自己や世界と対話し、自己を象《かたど》る言葉を培う子どもたちの姿が、未然のものから実現可能な世界の出来事として具体的に創り出されてきています。本と人、人と人がつながり合う出来事が読書の新たな魅力を子どもたちの心の中に生み出し、大人の側にも読書をめぐる新たな意味の気づきが生まれていきます。

本シリーズは、読書指導の方法やお薦め本の提供の域にとどまらず、先達の実践や知恵という「過去」と、読書コミュニティのデザインという「未来」の間に、子どもたちが現在置かれている社会的な状況と本をめぐる人と人の交わりの実相と可能性を記述し、構想することをめざし編集されています。読書コミュニティとして、子どもも大人もともに本（テキスト）を楽しむ文脈（コンテキスト）のあり方を、実践の記述を通し考察探究することをめざしています。「デザイン」という言葉には、デザイナーはデザインする相手を意識し、その人がその時に必要としている要求に応じたものを提供し作っていくという意味が含まれています。誰にでもどこにでもあてはまる万能薬の読書指導法ノウハウだけではなく、その地域、街、学校、教室、公共図書館、学校図書館、公民館等、さまざまな公共の場で実践する市民の手によって自律的に考案されてきたローカルな知恵と実践がもつ共通性との相違を考える中から、グローバル化時代の読書コミュニティのデザインを考えることを意図しています。

私が本巻共編者の庄司一幸さんと、偶然にも福島大学高野保夫先生の仲立ちで出会ったのは、1997年の朝の読書ネットワーク福島を立ち上げる日でした。その後、朝の読書ネットワーク福島は読書コミュニティネットワークと名称を変え、大人だけではなく高校生も含む多様な人が集う市民読書活動ネットワークとして、毎年大会を開きながら8年目を迎えようとしています。公共図書館司書、学校図書館司書、教員研修などの制度別研修や既存の団体や組織の枠を超えて、市民による自由意志の活動で成り立っているのが特長です。この8年に大会に参加された人たちののべ数は一万人近くとなりました。河合隼雄さん、谷川俊太郎さん、松居直さん、大村はまさん、鈴木健二さん、新川和江さん、岩崎京子さんなど作家、著者の方々、高野保夫さん、有元秀文さん、鶴田清司さん、沢正宏さんなどの研究者の方々の力を得てこのネットワークの方向ができてきました。庄司さんのリーダーシップと、地域を越えその熱意に賛同するさまざまな人々が自分たちでできる大会運営ボランティアをかってでることで、読書にかかわる実践報告の交流やゲストの講演や対談から学ぶ大会が行なわれています。本書はその場で報告くださった方の一部に執筆を依頼し、大会報告後の実践も含んだ内容をもとに作られた本です。

水面に投じられて起きた一つの波が同心円状に波紋を広げていくように、本書が地域の中に読書コミュニティが広がり根づいていくことの一助になることを願っています。

編者を代表して
秋田　喜代美

■もくじ■

1部　知識社会における読書の意味

1章 電子メディア時代の読書経験

1節 絆を作る市民読書へ

1 中高校生の読書行動の変化

何冊かの本が、ひとりの女の子の、すこし大げさにいえば人生の選択を左右することがある。その子は、しかし、そんなことには気づかないで、ただ、吸い込まれるように本を読んでいる。自分をとりかこむ現実に自信がない分だけ、彼女は本にのめりこむ。その子のなかには、本の世界が夏空の雲のように幾層にも重なって湧きあがり、その子自身がほとんど本になってしまう。」

（『遠い朝の本たち』須賀敦子、筑摩書房、２００１）

読書の魅力を知った人であれば、この須賀さんの文章にみずからの読書経験を重ね合わせられる方が多いのではないでしょうか。本の内容に没入し、現実の時間の流れとは異なる、本の描き出す世界の時間の流れに身をゆだね、あれこれと考えたり想像をめぐらす読書の楽しさ。また思いがけない情報を得たり、新たなことを知り学んでいく過程で自分の視野が開けていくのを感じる楽しさ。

しかし子どもたち、とりわけ中高生、さらには大学生や社会人の活字離れが語られて久しくなります。電子メールや携帯電話の普及はさらにそれを助長し続けています。マスコミやマスメディアの影響で情報は全国同時に流れ、コンビニエンスストアの乱立により全国どこでも同じものが買えるようになりました。その結果、皆が同じ物を所有し、同じような衣服を身に纏い、若者言葉としての同じ流行言語を共有する傾向にあります。同種のものを皆が所有するという意味で、「分ける文化」が暮らしの中に、そして意識の中に知らぬ間に浸透しています。長田弘さんが「分ける文化」と「育てる文化」という言葉を使って指摘されているように（長田、2001）、それはすでにできたものやことを「分ける文化」です。分ける文化が、消費社会、情報化社会というマス社会において拡大しつつあります。その結果、地域の独自性、多様な声や暮らしを「育てる文化」が失われようとしています。インターネットを使えば多様な情報が短時間に入手できます。しかしそれはたんなる情報であり、語り手と読み手・聴き手が互いに分け合える具体的な経験や具体的な言葉という「あいだ」が喪失されているように思えます（長田、1998）。この状況の中で、「本を読む」という能動的なかかわりを通してみずからの思考の言葉を形成したり、本を介してふれ合い分け合える具体的な経験や言葉を紡いでいくことが必要になってきていると考えられます。

この点については、2000年の子ども読書年の前と後で大きく変化が起き始めています。まずは2000年調査として報告されたOECD（経済協力開発機構）の学力調査PISA読解力調査結果データのうち、読書行動にかかわる部分を見てましょう。この調査は32か国26万5千人の15歳児（うち日本は高校一年生5300名）を対象にして行なわれたものです。読書について図1－1や図1－2の調査結果報告がなされ、読書意欲の低下に関する報道がマスコミをにぎわしました。しかし、他調査項目データも見てみますと、図1－3や図1－4のように「本のある場所に行くことが好き」であり、「本について他者と話すのは好き」という結果も同時に浮かび上がってきます。一人で孤独に自力で本を読み通すことには困難を覚える生徒が多い一方で、本にまつわる場所や本についての出来事を分かち合うことを嫌っているわけでは必ずしもないことがわかります。

読解力調査においてこの32か国中で読解力得点が最も高かったのはフィンランドでした。その成功の秘訣を述べた報告書（Valijarvi et al., 2002）を読みますと、読書への関与と読書への興味、家庭環境が生徒たちの読解力を予測する要因であることがわかります。しかも家庭環境以上に、自分の関心に沿って探究できる柔軟な学校カリキュラムの実施、学校教育での読書や図書館利用が読書への関心を支えていることが指摘されています。そして公共図書館の利用率（フィンランドの場合

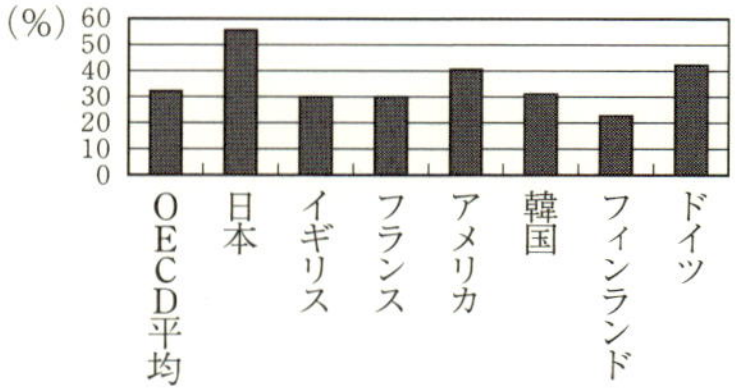

図1−1　「趣味で読書をしない」15歳の比率

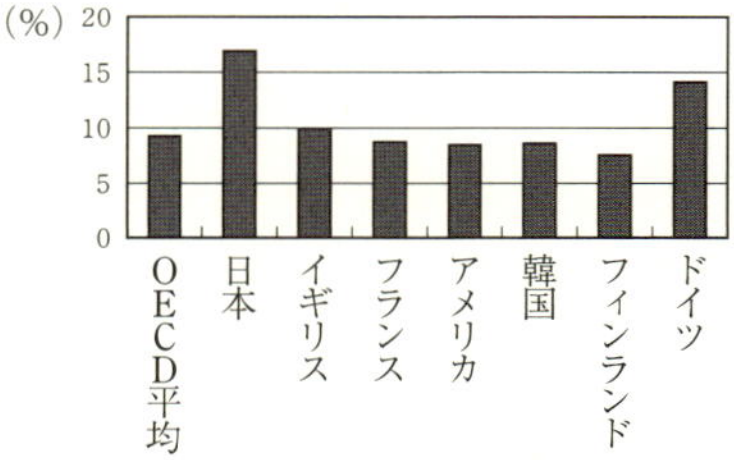

図1−2　「最後まで読み終えるのは困難だ」の比率

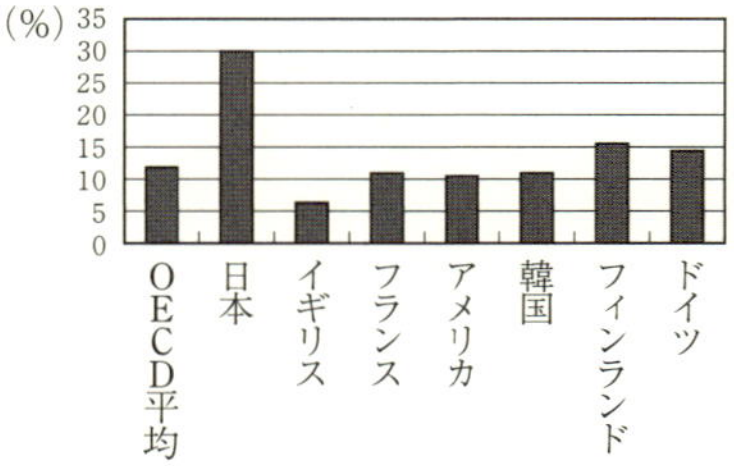

図1−3　本屋や図書館へ行くのは楽しい

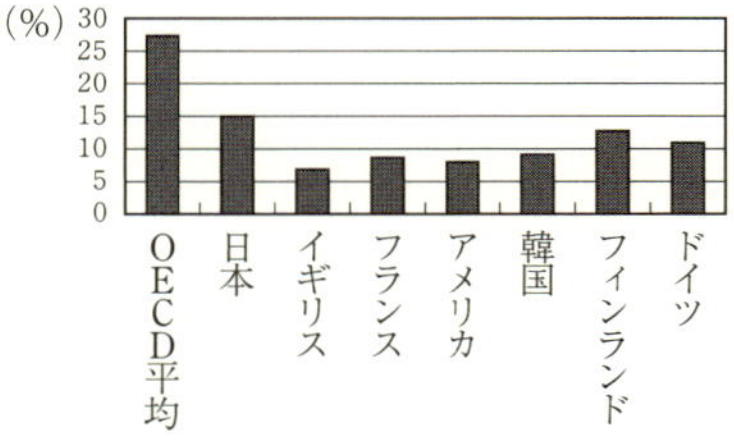

図1−4　本の内容について話をするのが好き

（いずれも Valijarvi et al., 2002 より著者が作成）

は学校図書館の利用率は高くはない）も、表1－1にあるように、「1か月に少なくとも1回は本を図書館から借りる生徒の比率」が44％と、最も高いことがわかります。

フィンランドの実態から、そこには家庭とともに学校や地域の読書環境要因、教育における読書への文化的な価値づけが大きく影響していることがわかります。学力としての読解リテラシーを支えるのは読書実践だという共通の認識がその社会の中にあるわけです。

わが国においても、読書の楽しみを次世代の子どもたちへ伝えたいと考える大人たちが、さまざ

表1-1　1か月に少なくとも1回は本を図書館から借りる生徒の比率（Valijarvi et al., 2002 図より著者が作成）

（%）

フィンランド	44
デンマーク	42
ポーランド	39
ニュージーランド	37
チェコ	34
メキシコ	31
ベルギー	30
オーストラリア	28
スイス	28
韓国	27
カナダ	27
イギリス	24
アメリカ	24
スウェーデン	24
フランス	22
ハンガリー	22
アイスランド	20
ポルトガル	20
ノルウェー	20
日本	19
アイルランド	18
スペイン	18
ドイツ	17
ギリシア	17
イタリア	17
ルクセンブルグ	15
オーストラリア	13

まな読書活動や活動を支える絆を生み出し、その複合的な効果が中高校生の読書活動に関する調査の数字にも確実に表われ始めています。図１－５は２００４年の第50回読書調査の結果です。この図からは、２００２年頃から特に中高生で平均読書冊数が伸びていることがわかります。つまり、これまで本を読まないといわれてきた中高校生の読書活動に大きな変化が見えてきているのがわかります。平均読書冊数が伸び、またこれまで読む層と読まない層の二分化が久しく言われてきまし

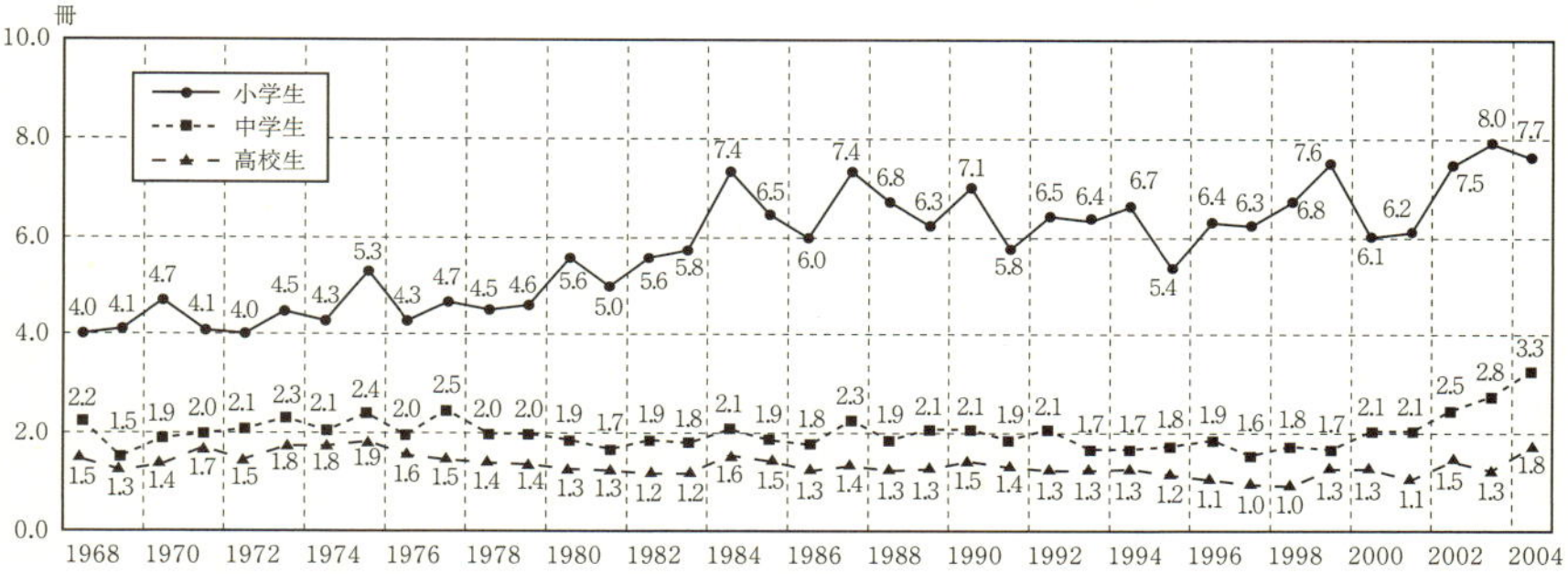

図1-5　過去37回分の5月1か月間の平均読書冊数（全国学校図書館協議会、2004）

たが、1か月に1冊も本を読まない不読者と呼ばれる生徒の割合も、小学生は7・0％、中学生は18・8％、高校生は42・6％と、特に中高生で顕著に減ってきています。学校での朝の読書の広がりとヤングアダルト本や若い作家の登場が読書冊数の伸びの推進力なったと調査結果では指摘されています。「朝の読書」は1988年に林公、大塚笑子のお二人の高校教諭によって提唱され（船橋学園読書教育研究会、1993）、この15年あまりの間に急速に広がり、現在1万9493校（17年7月15日調べ。小学校1万2545校、中学校5623校、高校1325校）までに増加しています。県平均は50％で、中でも小中学校では半数の学校が実施していることになります。「みんなでやる」、「毎日やる」、「好きな本でよい」、「ただ読むだけ」の四原則がもつ意味は、きわめて大きいと考えられます。この原則と対比してみるならば、これまでの学校読書では暗黙に「読書は個人で本の好きな生徒が」「時どきある図書の時間や学習の余暇時間に」「教師や専門家が薦めるよい本を」「読んだら読書感想文やレポートにして教師に宛てて評価してもらう」ことを求めていたのではないかということもあらためて浮き彫りになります。生徒たちの学校図書館や読書離れという抵抗にあってそのあり方が問い直されたといえます。朝の読書は、現在読んでいない生徒、長い時間一人で本を読むことに慣れていない生徒の立場にたって、全員が短時間でも長期間参加できる活動へと導く方法の提唱という意味で大きな貢献をしていると思います。

先ほどの調査結果は生徒個人の行動量を単位にし、量的に分析検討した動向の結果です。しかし、朝の読書の広がりにも見られるように、この一人あたりの量的変化だけでは目に見えない、学校や地域での読書をめぐる活動の質の問い直しが起きています。学校や地域ですべての子どもたちにもれなく読書を経験させるサポートへと、質にも変化が生じているように思います。読んだ冊数という目に見える数量結果を支えている根となる出来事の実相をとらえ考えていくことこそが、知識社会といわれるこれからの社会における読書の展望を考えていくうえでは必要でしょう。

2 読書実践参加への輪を生む「もの」――本の帯アイデア賞

2000年の子ども読書年、2001年の「子どもの読書活動の推進に関する法律」の制定によって、各地方自治体がおのおの地域特性や理念を生かした読書の推進活動を始めています。「子どもの身近に本があり人がいる風景をつくる〔(四日市)〕」「すべての子どもたちに本とふれあう機会を贈ります（東京都新宿区）」「杉並区の0歳から18歳までのすべての子どもたちに贈ります（東京都杉並区）」など、ビジョンをスローガンの言葉にした計画が策定実施されています。

また同年より始まった子ども夢基金による読書活動への公的助成で、草の根的な市民読書活動が全国的に支えられるようにもなってきました。「絵本展―科学の本のたのしみ」や「入院中や自宅療養している子どもたちにお話をプレゼント」「バリアフリー絵本展」など独自のアイデアで幼児から高校生までを射程にいれた活動もでてきており、応募も着実に増加してきています（国立オリンピック記念青少年総合センター基金部、2001、2002）。これらの国や自治体の読書活動推進に共通しているのは、本を介して人の絆ができる活動を大事にしていること、「参加・参画」「連携・協働」という言葉で表現される出来事が、各地域で専門家とともに市民ボランティアの手によって起こっていることが大きな特徴です。静かに一人で本を読む読書の推進だけでなく、語りの復権や本を手渡す大人の学習という視点が盛り込まれていることも特徴ではないかと思います。つまり地域やある集まりのオリジナリティを生かした多様な読書実践の文化創造に、さまざまな背景をもつ市民が参画しています。そしてさらにそれが断片的ではなく、国や地域レベルで見てみると、つながって一つの形を呈してきていることが特徴です。

私が座長として読書活動推進にかかわらせていただいている自治体の一つである東京都杉並区で

も、この読書活動推進計画の策定に基づいて新たな計画事業を始めることになりました。杉並区では公募によって協議会委員の一部を募ったこともあり、中高校生の読書推進の新規事業になるのは何かということについて、委員や図書館の方たちなど関係者の間で熱心に議論が重ねられました。その結果、〈すぎなみ「本の帯」アイデア賞〉という事業が２００４年から始まりました。この企画は読書コミュニティのデザインを考えていくうえでの理念的特徴をよく現わした活動の一つと私が考えているものです。事業を策定するにあたって、以下のような内容がポイントとなりました。

1．序列が一次元的に決まっている賞を、よく本を読む優秀な生徒に渡してその生徒が励まされて終わりになるだけの事業ではなく、賞がまた読書活動の始発になって地域の中に読書が口コミで広がるような活動
2．情報として提示される活字だけを対象とするのではなく、本という「もの」づくりに参加できる活動（電子社会化されていく今日にとってより意味がある活動）
3．マスコミのCMコピーに慣れた子どもたちにも親しみがあり、コンクールのために先生に指導されるというよりも子ども自身がやってワクワクする活動
4．大人によってあらかじめ「よい作品とはこういうもの」という固定観念がまだ固まっておらずに、多様な評価次元が生まれてきそうな活動
5．授業等、学校での教育とも関連のある活動

図1–6　本の帯アイデア賞

これらの盛りだくさんな、さまざまな立場の人からの活動への願いの中で、議論を経て、〈すぎなみ「本の帯」アイデア賞〉が読書推進事業の目玉として生まれました（図1－6）。

これは、どんな本でもよいので子ども自身が自分の好きな本を一冊選び、それを読んで帯を作って応募するコンクールです。作品が入賞すると、実際にその本に応募した帯を巻いて図書館や区役所に展示されるというものです。帯にはその帯を作成した生徒の学校名や名前も入れられます。この展示によって地域の学校や生徒だからこその親しみがわくだろうと考えたからです。読むべき本を実施者側が指定しないことでの多様性と作者の独自性の重視や、本とのマッチングが重要な帯は実際にものとして使えるという有用性、また個人だけでなくネットワークを作り出す読書推進の手立てとなるという意味づけからの発想です。

審査委員は絵本作家や児童書編集者、コピーライターなど地域に住む方が、専門家の目で見て選びます。金、銀、銅のような最優秀からの一次元的なランキングにすることもやめ、「本の帯アイデア大賞」「本の帯コピー賞」「本の帯ビジュアル賞」「審査員特別賞」「図書館賞」「アイデア賞」などの名称を付した賞が初年度には生まれました（図1－7）。そして入賞した作品を生徒の名前も記し帯を巻いた本を図書館に飾って展示することで、同年代の人たちにも手に取って見てほしいという思いで始まりました。次年度以降には帯を作者に返す前にコピーを取ることで、いろいろな図書館で地域の生徒推薦の帯がかかった本を見られるようにできるのではといった意見も出てきています。

図1－8は杉並区立中央図書館での展示と実際に本の帯アイデア大賞となった高校一年生の三石玄さんの作品です。『放課後の時間割』（岡田淳、偕成社）への帯には表表紙は「天じょうで、コトッと、音がした。『放課後の時間割』」とあり、裏表紙は「きっとこの本、ずっとすき」と書かれています。読者の生の気持ちが詩的な言葉で凝縮され、その人ならではのオリジナリティのある表現となっています（図1－8）。

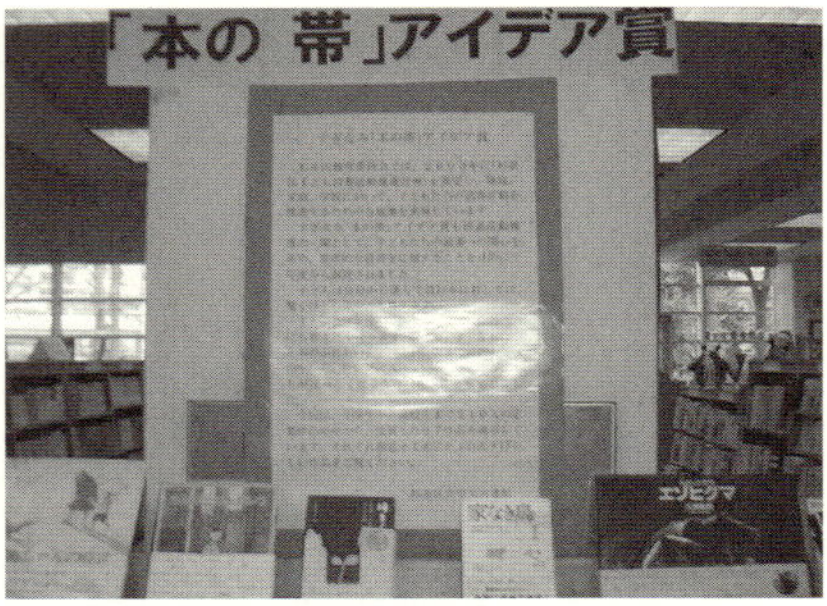

図1-7　本の帯アイデア賞の展示

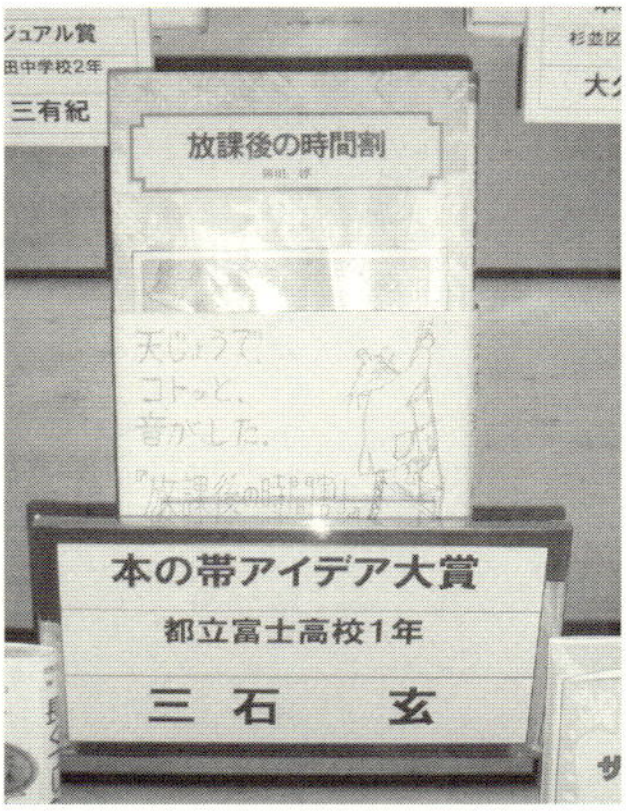

図1-8　本の帯アイデア大賞受賞作

本の帯コピー賞となった中学二年生の大久保健一君の作品、『家なき鳥』（グロリア・ウィーラン、白水社）への帯では表表紙には「未亡人だけど　貧しいけど　義母がいじわるだけど　必死に生きています！」、裏表紙には「人生　〃人〃にいじめられる時もある　〃人〃に捨てられる時もある　でも……救ってくれるのもまた〃人〃だった」と書かれています。結晶化された言葉の中に、その生徒が本とみずからの世界を重ね合わせて引き出された表現であるように思われます。

本の帯のおもしろいところは、デザイン性にもあります。デザインのすぐれた作品は、本の帯ビジュアル賞として評価されました。本の表紙のデザインを生かした帯、おそらく大量生産では作れないような太さの帯、表紙に描かれたイラストを生かして帯の一部をイラストに合わせて切り取ったり、穴をあけた帯もありました。ものや作品として残ることは文化形成、読書活動の軌跡を可視化するという意味をもちます。今回の活動では、集められた帯すべてを写真にとってアルバムのようにした冊子を杉並区中央図書館が作成しました。この冊子がまたさらに次年度以降のコンクール応募や活動参加へのはたらきかけに役立つようにと、「ものによる可視化された活動のイメージ作り」という出会いの連鎖性がコンセプトとしてあります。

この活動は、これまでいろいろな学校で取り組まれてきている読書郵便や、熊倉峰広先生が考案された、課題図書の味見をして本の文章を拾い上げ、感想をメールで送返信する実践「味見読書」（熊倉、２００１）など、本の紹介を介して対話を生む実践とも共通性をもっています。届けたい相手、語りたい相手がいるという宛名性、本の言葉について出会って感じたことを、短い言葉でよいので自分の言葉に変容して語り、語られたテキストにふれて生徒がその語り手、紹介者になることです。ただし、この「帯のアイデア賞」実践の独自の特徴は、図書館という公共の場や展示を意識した活動だというところです。小中高校の学校という枠の中だけでなく、公共図書館がその地域の誰かが紹介した本をその人の名入りで紹介すること、つまり小中高等学校、学校図書館や公共図書館という所轄組織の境界を越えてつなぐ役割を、本にかかわる活動をする人々の連携によって可能にするということです。本を物語る人の多様な言葉やものにふれ、そこからまたその本をみずから選んで手に取り読んでみるという出来事が、地域を中核にして連鎖して生まれていきます。このように、読書の絆が広がっていくことが、市民による読書コミュニティ形成の方向性ではないかと思います。語る相手も語られる相手にも恵がある「互恵性」と、身近な人の読書経験に裏打ちされた見識や言葉への「信頼」によるネットワークです。

3　本についての対話が生まれる「人」との出会い――オーサー・ビジット

本の帯は帯という「もの」作りを介して読書のネットワークを形成する出来事が起こります。これに対し、「人」を中核にした出来事から読書活動やネットワークが生まれることを意図した実践活動の一つに、オーサー・ビジットがあるでしょう。これはもの作りとしての本の製作に携わった側の人「オーサー」（作家、絵本作家、写真家、イラストレーターなど）を学校や図書館、書店に招き、授業等で対話を通して本への理解と興味を高めようという読書推進活動です。従来の講演会やサイン会という独白（モノローグ）形式とは異なり、子どもの側もあらかじめその本を読んでおくことで本作りにまつわる質問などをその場でやりとりする対話（ダイアローグ）形式です。同じ目線にたったコミュニケーションに重点を置き、本作りにかかわる人の生きた姿と言葉に触れることで読書へと誘う活動です。本好きの子だけではなく、すべての子がその場に立ち会う経験を共有します。本にまつわる思い出を集団で作ることが次の個人の読書への契機となるようにという意図をもって実施される活動です。ＨＰなどの資料で調べると、イギリスやアメリカ、オーストラリアなどでは、公立図書館や学校で広く実施されてきている活動であることがわかります。日本でも朝日新聞社によって２００３年から実施されています（図１－９）。

図1-9　オーサー・ビジット

私はオーサー・ビジットによる授業風景をいくつかビデオで見せていただきました。オーサー・ビジットに決まったやりかたがあるわけではなく、訪れる作家によって、一つの枠にはとどまらないユニークな本をめぐる語り合いの活動となっています。

たとえば作家重松清さんが「思いつくままに、いらないと思うものを書いてみて。何でいらないのか理由もね」と語りかけ、

「いらないと思うものの価値を考える」という実践と、漫画家折原みとさんが行なう「小説を書いてみよう」の実践とでは、高校生の経験はまったく違っているわけです。そこに作家の個別性、参加する生徒の固有性があり、局所性が発揮された活動となっています。全国一斉、学校一斉に何か同じことをするのとは趣が違い、顔の見える範囲で行なう対話です。これまでの学校の授業では扱いきれなかった価値を含む内容が語られるからこそ、次の読書への強い誘引となるともいえます。

作家と子どもたちとの出会いを仲介し結び目を作り出す機関の存在や、作家側の善意がこの実践の鍵となります。これはオーサー・ビジットという名称を使用しなくても、いろいろな図書館や地域ですでに行なわれてきている活動でもあります。ただし、本について作家が講演し、生徒はそれを聴くという一方向的なものではなく、双方向のやりとりによって、作り手側にとっても読者からの声を聞くことで励ましや今後のアイデアにつながるという意味で互恵的な相互進化発展が意図されている活動です。どこで行なわれてもプログラムとして同じことが準備されている活動ではなく、その場での対話から何かが生まれる、創発することが期待されている点に、これまでの作家との出会い方とは異質の読書活動推進が始まっているといえるでしょう。

2節　状況への想像力

1　読書が育てる差異への気づきと世界の解体

私は教育心理学者という立場で読書や文章理解の研究をしてきました。そのために、読書は子どもの発達にとってどのような効果をもつのか、どのような力をもつのかということを人から尋ねられることがしばしばあります。読書は参加した人にしか意義はわからない、言葉にならない独自の経験です。世代を受け継ぐ文化的実践です。それゆえ子どもを読書へと誘い参加経験してもらう中で、その問いへの答えをその人なりに見つけてもらうしかない部分があると思います。だからこそ私もまた、日和見的な研究者にはならず、実践的な読書活動の輪に成員として参加しつつ考えているのだと言えるでしょう。しかし、説明責任の時代にはそれだけの答えでは通用しないようです。サンダース（1998）が指摘しているように、読書経験がないためにみずからの言葉を形成できず身体で暴力的にしか表現できない子どもが増えてきていることもまた事実です。

私は読書の機能をひとまずは数量的にとらえるために、「内生的意義」（読書の過程自体で生じる

「空想や感動できる、考えを深め知識を得られる」という認知的機能、「暇つぶし・気分転換」のようなリフレッシュ機能）と「外生的意義」（国語の成績が上がる、先生や父母にほめられるなどの、読書を行なった結果として出てくる機能）とに分けて調査をしたことがあります。その結果、小中学生では学年が上がるにつれて、また本が好きな人ほど内生的意義の認識が高まる事を指摘しました（秋田、１９９８）。

「空想や感動できたり、思考を深める」という心理過程のためには、テキストの描く世界・状況を推論し想像できる力、各場面の状況をつないで一貫した意味を頭の中に構成する力が必要になります。心理学の専門用語をあえて使うならば、文字が読め逐語的に理解できるという「テキストベース」を構成するだけではなく、テキストの描く世界の「状況モデル」を構築することこそが、「読むこと（読解）」であると考えられています。つまりテキストが描きだしているコンテキスト（文脈）としての世界を読むこと（フレイレ、１９７９）、すでに書かれたテキストの言葉を、みずからの知識を使って推論し場の中で生きた言葉として再創造できる想像力が求められるわけです（秋田、２００１、２００２）。

状況といっても、物理的状況から人の心理状況までさまざまですが、具体的にこれらの状況を想像する力が、自分と異なる他者をわかろうとし、出来事について深く考え抜く力を生み出していくと考えられます。野口三千三（１９７５）は、「豊かさとは『ちょっと、すこし、わずか、かすか、ほのか、ささやか、こまやか、ひめやか』というようなことをさやかに感ずる能力から生まれることをいう」と述べています。読書は、小説や文学にとどまらず、論説や評論でもその詳細までを味わっていく中でコンテキストが作り出されます。そして自分がわかっていると思っていたこととの間に少しでも差異を感じ、みずからがもつ既成の思いの枠を出て新たな世界に出会うことによって、豊かな経験ができていくのだと思います。「ああ、知ってる、知ってる。聞いたことがある」とわかったつもりになって終わったり、「別に、どうでも」とテキストの描く世界とみずからとの関係を断ち切ろうとする子どもたちには、１節で述べたような人との「間」は生まれません。差異による「間」があるからこそ対話が生まれ、自己が形成されていくわけです。読書はこの差異による対話過程をていねいに作り出します。近年、「読書力」として情報の要点把握力や活用能力面のみを強調する人もおられるようです。けれども、「本」という、著者が心砕いて言葉を選び編み上げて表わした世界の中に、類似性を発見したり差異から生じる豊かさを読み取る力が培われることこそ、子どもたちが人生の中で豊かさを感知できる力を育てることに通じると思います。それはみずからに気づくと同時に自分のもっている価値だけではない社会の複数の価値を知り、その価値との間で対話することであり、みずからを公共性へと開いていくことのできる市民を培うものだといえます。本を通してゆっくりと他者の経験や語りと対峙することは、一人孤独に私的空間にこもってする閉鎖的なことととらえられがちです。しかし、この心の中での対話こそが現実の他者世界と対話する自律的な公共圏への参加（花田、1999）ができる市民を育てていく活動の基礎となるといえるでしょう。

「本を読んでいる人は物知りである」といわれるように、一般には本を読むことは情報が増え知識が蓄積されることととらえられます。しかしむしろ、本を通して自分が今まで考えてきたり知っていることとの差異に気づくことで、わかり直し、既知の経験の地平を解体し編み直していくこととも いえるでしょう。リオタール（1998）は「読書において、耳を傾けることを学ぶ、それは、逆方向に形成されていくこと、できあがった形を失うこと、様々な前提やわかりきったものとして書かれていない事を再検討するのだ。進歩しないことに耐えることである」といった表現をしています。じっくり著者の声を傾聴してそこにみずから没入することで、考え抜いていくことが生まれるといえるでしょう。そしてその行為が心に根っこと翼を与え（美智子妃、1998）、ベッテルハイム（1978）が昔話について指摘したように、「象徴的・間接的な表現で人間の真実を語って生きることの意味を子どもたちに語らせ、困難に立ち向かう勇気を与える」ものとなるのだと思います。津守真（1991）は、人は「存在感の危機（人から認められることへの危機）」「能動性の危機（何かを始めることへの危機）」「相互性の危機（互いに分かり合えない危機）」「自我の危機（人と異なる自分のあり方への危機）」という4つの危機を乗り越えることで人は生涯発達すると述べています。その4つの危機をいかに乗り越えるかを、子どもたちは読書を通して対話し、学び取っていくのだと考えられます。

2 読書への手立てと共振

とはいっても、1節で指摘したように「座ってじっと本を読むなど、数分しかできない」「最後まで読み終えるのは困難だ」と感じている生徒がいるという現実があります。また「本を読むのは暗い」というイメージも生徒たちの中にあるのかもしれません。ボールディング（1988）が、読書について、一人でいることが内向性、退行、疎外、孤立化、寂しさといった項目で扱われているが、いまこそ喧騒とあわただしさに満ちた世界から一歩脇へ退いて今のこと、これからのことについて「静かにおもいめぐらすこと」が求められているのではないかと、孤独でいることの大切さを指摘しています。つまり、「孤独でいる時間」をもつことが自由であり、内へと向かい自分自身を発見するために欠かせない条件であるとしています。ではこのような自己内対話ができるまでの道筋をどのように援助していくのか、それが大人の側に問われてきます。

読書は一人でするのだから、たとえば1節のような帯作りやオーサー・ビジットをはじめ、後続の章ででてくる高校生の年少児への読み聞かせなど、集団で生徒たちが本にまつわり何かをしていく活動に対して「本当にそれが一人で読む本来的な読書につながるのか」と問う声も時に聞かれます。だから、一人読書の時間としての「朝の読書」が有効であるという声もあります。しかしそれは必要条件ではあるが十分条件とは必ずしもいえないとの声も、現場の先生方からうかがうところです。座って本を開いている意味で形としては参加はしていても、本当に状況を想像して読み込んでいく読書ができない生徒がいることも事実です。

そこで心理的な過程として本当の意味で読むことができる力を育てていくための手立てを考えることも必要です。教科国語があれば、本が読める力は育つというのは誤解です。さまざまな教科の学習の中で本を取り上げていくこと、また学校の教科学習とは異なる総合的学習や課外の時間の中でも本との出会いを準備していくこと、地域でもはたらきかけていくことが必要になるわけです。読書のアニマシオンの提唱者であるサルト（２００１）は「読書を好きにさせるという落とし穴にはまってはいけません。読書が好きになるかどうかは二の次です。たとえば泳ぎを習う時に、ダイビングをすきになるかどうかが二義的なのと同じことです。肝心なのは泳げるようになること、楽しみや健康のため、溺れた人を助けるために、泳ぎの知識や能力を身につけることです。なぜなら泳ぎはその人のためになる能力だからです。」という言葉を表わしましたが、彼女が具体的にアニマシオンとして75の作戦という具体的手立てを示したことの功績は大きいと思います。

一人で読めるようになっていくための手立てをどのように具体的に作り出していくかが求められています。歴史的に発生を見るならば、オング（１９９１）が示したように、声の文化があり、その後に文字の文化が生まれてきました。個体の発達の過程においても、大人の援助によって読んでもらったり自分の本へのはたらきかけに応答してもらうことを通じて、子どもは本へのかかわり方を学び、リテラシーを獲得して活字世界へ自律的に入っていく過程をたどります。またシェルチエ（1992）が示すように、近代の活字文化普及の前には集団で宗教的な内容を読み聞くことがありました。また読んだ後で本の内容の解釈を話し合うことは、知識を生み出すことの専門家であるとみなされる研究者の間では古来から行なわれていることですし、公共の図書館でも読書会として大人たちによって継続されてきているものです。読書は自分で読んで終わりという自己完結的なものではなく、さらにそれを契機にして対話し知を作り出す公共の読書へと展開し得るものだと考える必要があります。このように考えるなら、一人で読む経験への道筋として、声を通して本と出会うこと、本を一人で読むこと、本について物語ることを経験する環境を私たち大人が準備していくことが大切だと思われます。

チェインバース（2003）は子どもの読書を変える試みとして、①本を選ぶ、②本を読む、③「もう一度読みたいな」と思う、という読書の円環を大人が手助けし、「もうちょっと話してみて」と大人が誘うことで、子どもと感情を共有し、なぞ・あるいはむずかしさを共有し、現実の世界とのつながりやパタンを発見できることを示しています。「もうちょっと話してみて」と大人が子どもの声を聴き共感し、時には代弁してあげることの大切さを感じます。

私はチェインバースの本を故大村はまさんが、2004年の読書コミュニティネットワークの講演会にお越しくださったときに、楽屋で紹介されました。96歳にして新刊を常に読まれているご姿勢に感銘すると同時に、その本を読んで、チェインバースと大村さんのお考えの共通性を感じました。大村さんのご著作「96歳の仕事」（2003）では、恩師の作文指導について書かれている中で、「夕陽の沈む瞬間を見たいと思っていた子どもが家の用事で呼ばれて用事を終えてもどってきたらすでに沈んでいてがっかりした」という内容の作文について、『『がっかりした』というところを『がっかりした気持ちをもう少し細かく書くといい』と添削するのではないのです。『どこまでもどこまでもおいかけていきたいような心』と欄外に書きます。『どこまでもどこまでも追いかけていきたいような心と書きなさい』というのではないんですけれど、それをみると子どもははっとして心がすこし耕されるんですね」と述べられています。

子どもの経験している地平を共有し、それを聞き取り共感し、時に代弁する姿勢です。読書に必要なことも、チェインバースや大村さんの姿勢にあるように、修正や指導ではなく、子どもの声を聞き取り共感することであり、その地平をもう少し語りたくなるように援助し広げてあげることでしょう。「遊ぶ」という語の語源には「共に揺れる、共振する、おのずとゆらぐ」という意味が含まれています。「アニマシオン」の語にも、「ディクダシオン」（直接的教示としての教育）とは異なる、魂がワクワクするという意味があります。指導というよりも読書にかかわる大人が本にふれた生徒と共振できる姿勢と手立てを作ることが、本の世界への誘いになるのだと考えられます。

そのためには、語らうことが重要だとは一般的に考えられますが、読んでもらっている本の世界にともに耳を傾け沈黙して入ること、読み終わったときの沈黙のひとときから余韻を楽しむことなど、大人の援助をうけて本と向き合う沈黙の心地よさや意味を子どもが獲得していくことも重要だと思います。この「読書における沈黙の意味」を子どもが知っていったとき、一人でテキストにも向き合っていく力が育っていくのだと考えられます。本についての大人の饒舌な解説ではなく、本が作り出す間や沈黙を共有する援助が一人読書へと導いていくのではないでしょうか。

3節　本というメディアの固有性

電子時代になってもなぜまだ本なのかという問いと議論が数多くなされています。この一般的な問いではなく、なぜ子どもたちには本でなければならないかという問いを考えてみたいと思います。

第一に本には表紙等の装丁や帯があり、目次に始まり、頁によって構成され、「はじめに」や「あとがき」、「解説」など本文とは異なる部分も含み、一つの完結した世界を作り出している点があります。それを頁をめくり大きさや重みを感じ、身体感覚をもって操作し経験できることが本の特性といえるでしょう。ＣＰＵでつながるファイル世界とは異なって、一つの完結した物体として持てる

「もの」としての意味は大きいと思います。この本の構成が、テキスト世界への誘いを心理的に順序だてて行なっています。表紙や目次を見ることで本の内容への枠組みや予想を作り出し、頁をめくるということで、次頁への予想を引き出す動きを作り出します。また途中でもそこにしおりを挟むことで「こんなに読んだ」「あと少し」などと、自分の読んできた道のりを手で厚みを感じ、目で読み終わるまでの道のりを実感することができます。これはものとしての本ならではの心理的作用です。

そして第二に、マスメディア時代になっても、作り手が誰かという著者性を最も意識させることができるのが本だということです。テレビや新聞、インターネットなどのマスメデイアの多くは情報の送り手・作り手が誰なのかがよくわからないままに私たちの手元に届き、誰の考えかがわからないままに操作される危険性をもちます。著者の存在を知ることは、いろいろな立場の著者を意識することができたり、その著者の特徴を知り学ぶことができます。

近年、出版の世界でも何十万部の販売という形でメガヒット化し、他の商品と同じように本がマス化し消費されるものと化しています。しかし、本は世の中の多様な声を多声的に取り上げ持続的に受け渡すことを得意とするマイナーメディア、ローカルな文化創造をもう一つの可能性としてもっています。たった一人の著者の思想や言葉が本という形で表わされることで、時空を越えて生き続けることができます。社会の中での弱者や、困難を担った人たちの生の声や思想、社会の中で陰となり忘れられがちな出来事を継続的に伝えられるのも本です。本に直接ふれていくことで中高校生にこのことを感じてもらうのも、重要なメディアリテラシーの育成の一つではないかと思います。

長田弘さんは『本という考え方』をひとびとのあいだに育て、言葉を残す『本の文化』をささえてきたのは、ここにある言葉をここにいないひとに手渡すことができるようにするということです。読む本、読むべき本が本のすべてなのではありません。本の大事なありようのもう一つは、実は読まない本の大切さです。図書館が一人一人にとってはすべて読むことなど不可能な条件の上にたって作られるように、本の文化をふかくしてきたものは読まない本をどれだけもっているかということです」（『読書から始まる』）と述べておられます。図書館は情報のセンターであり、公共の教養をおさめた場です。そしてまた、まだ出会わぬ本への期待、そこに多声的なマイナーメディアとしての本とその知恵をおさめた図書館のもう一つの意義があるのではないでしょうか。

秋田喜代美（東京大学大学院教授）

2章 21世紀型読書コミュニティのデザイン

1節 読書生活をはぐくむ——学び・遊び・くらしの読書

1 「みずから読む」ための「おのずからの環境」

前章では、子どもたちの読書をめぐる出来事が21世紀になって変わってきたのではないかという指摘をし、絆を作る市民読書として、本の帯という「もの」をめぐる動きとオーサー・ビジットという「人」をめぐる動きを述べました。そして、状況への想像力と市民性を培う対話という読書の心理過程を生み出すためには、大人の体系的な援助と手立てが必要であること、さらに本のメディアとしての魅力と、ものとしての魅力（完結性、著者性、多声性）を述べてきました。

読書は食事や睡眠のように生理的に不可欠なものではなく、人間が作り出してきた文化的実践です。しかも自然に作法が身につくというものではなく、能動的な関与の経験を積む必要があります。学校でやればよいというものではなく、生涯にわたって学び、遊び、暮らしのために必要なものと考えられます。もちろん、読書文化の担い手として育つには、大人が読むよう強制して読ませただけでは、みずから読もうとするようにはなりません。

そこで前章で述べたように手立てとして、「みずから」読書する行為が「おのずから」でてくる環境を創ることが大切になります。「みずからとおのずからの相即」という考え方は、近代西欧思想とは異なる日本古来の考え方ですが（竹内、２００４）、読書を自然と楽しむようになる成り行きを大人が体系的に準備する必要があるといえるでしょう。「自らとは「ことごとくおのおの」が「おのおの」のままに「おのずから」のリズムになってきたもの、なりゆくもの」と竹内氏は説明しておられます。皆が各自の読書について、その姿をありのままに認められ、自然に本を読むリズムに入っていく、なってゆく場ができていくことが、読書コミュニティを作るうえで大切といえるでしょう。

「読書のためには＊＊すべき」という主義主張としての「イズム」ではなく、本の世界に入っていく日常生活の時間の「リズム」、巻き込まれるような場の「リズム」、本を読んで楽しみ合うことを感じる「リズム」を生徒たちの内側から作り出すことが求められているのです。都市環境デザインに携わっておられる延藤安弘氏（２００１）は、街づくりで大事なのは「イズム」でなく「リズム」

であると主張されておられます。読書においても、自己修養や国民教養、あるいは情報・学習のためという「＊＊主義主張の縛り」ではなく、読書の波、うねりとしてのリズムを、いろいろなテンポの実践をする違いのある人たち全員で作り出していくこと、交響する場の形成が必要です。

2 大村はまの読書生活指導論に学ぶ

一人ひとりの子どもにあった読書のリズムを生み出すための体系的手立てを、生涯考えられた実践者の一人が、読書コミュニティネットワークにも来て応援の講演をしてくださった故大村はまさんです。「読書の時間は、他の時間にもまして、自分はできないのではないかという心配から子どもを解放してあげたい」と述べられて、読書の個人差を出発点とし、できない生活からの脱出、読書においても優劣のかなたに子どもを連れ出すことを訴えられました。そのために、読解力が弱いからといって量の少なめの読みやすい本を割り当てることはせず、勤務する中学校の図書館の本全部を読破しておのおのの子どもの問題や関心に合った本の紹介と活動の数々を作り出されたことが『大村はま国語教室　7巻、8巻』（1984a、b）や『読書生活指導の実際』（1977）からよくわかります。

たとえば、「読んだ本のリスト」だけではなく、「これから読みたい本のリスト」を作ることで次の読書への道筋や具体的イメージを作ることができるという手立てがあります。これは、読めない子どもにも行動の未来を形づくるものです。また読書しても感想を書くのにためらいをもつ子どもの「感想を育てる」ために、作られた「本が呼びかけてくる手引き」でも、20項目にもわたって問いかけ例が記されたリストを作成され、子どもが自分の読んだ本にあった形で感想執筆の手引きとして使えるようになっています。子どもの個々の行動について直接的に助言するだけではなく、リストや手引きという形でシステム的に読書へと導く道具を創案されていることで、1回限りで終わることなく継続的に「育てる」ことができています。この活動システムの形成によって、「できない生活からの脱出」が可能となるわけです。手引きに手を引かれることで子どもたちは育っていく姿が実践記録からうかがえます。熱意だけではなく、ワークシート、手引きという「もの」の形をとる活動システムのデザインの発想によって、私たちは大村学級の読書文化の思想と実践を受け継いでいくことができます。

しかも大村さんは、どの生徒にもあまねく使える手引きだけではなく、「5行感想」という課題で個々の子どもの世界を具体的に手を引いて広げていく実践をされています（大村、1984a、b）。子どもが5行書いた後に、教師がもう一歩深まったりもう少し別の方向へ目を転じたりできる文を書き継ぐという実践です。この書き継ぎは、執筆者の生徒になりきって子どもの使う言葉で代弁し書き継ぐ方法で、1章で紹介したチェインバース実践や、作文指導と共通する思想です。

例：『平家物語』（大窪）

ぼくは、平家のほうが源氏より強いと思っていたら、この本を読んで、平家より源氏の方が強いことがわかった。はじめのほうは、平家が勝っていたので、しめたと思ったが、最後のほうで平家が負けてくやしかった。ぼくがなぜ、こんなに平家びいきかというと（下線部　大村による書継ぎ）

例：『世界のなぞ』（五十畑）

まず世界には、いろいろななぞのあることがわかった。エジプトの大ピラミッドをどのようにして昔の人びとは作ったか。大ピラミッドは、十万人の力で三十年もの年月をかけて作ったこと。ピラミッドの王の伝説など、また同じエジプトのスフォンクスのいわれなど、まだいろいろな不思議なことが世界には、ひめられていることが、この本を読んでわかりました。そういうことが分かってくるにつれて、ぼくの考えたことは、（下線部　大村による書継ぎ）

（『大村はま国語教室（8）』大村はま著、筑摩書房、１９８４年より筆者抜粋）

大村さんの実践は、数多くのことを私たちに示唆してくれます。その中核となっている思想が、「本と子どもをつなぐ」のではなく、「大人の生活の中での読書と子どもをつなげる」という思想です。大人になるための準備期間としての思春期の子どもたちの誇りを傷つけない活動を行なっていくという視座であり、それを「読書指導」ではなく「読書生活指導」と呼んでおられました。

読書という文化的実践コミュニティへの参加という視点から、大村さんの実践を読み直してみますと、本を使って生きていく人を中学生のときから育てる、市民として働き、学び、暮らす中で本を使う人間を育てていくという思想だと私には解釈できます。本を選ぶための目録や出版案内の利用、求めている本の探索、目的のための限られた時間での走り読み、複数本の比べ読みや重ね読み、感想文や脚本化、そして自分の読書生活自体をふり返る活動、読書会、書き合いなど、本を読むことだけではなく、まさに読書生活、読書文化に子どもを誘う工夫がちりばめられています。一人で本を読む読書の指導という枠を越えて、読書生活への参加を考えておられます。そしてそのために教室での1時間の授業ではなく帯単元を考察し、開発するという学校での時間の見直し、教室という枠を越え学校図書館を学習のセンターとして使用したという空間の見直しなど、先進的事例に驚きます。

そして大村実践からは、大村さん自身もまた読書を楽しみ豊かな読書生活を行なった人であったことがよくわかります。本を使って生きていく人として、ともに歩んだ大人と生徒たちの交響の実践として大村実践について学び直すことができるでしょう。

2節　読書コミュニティのデザイン原理

1　読書実践のコミュニティ

本シリーズが「読書コミュニティのデザイン」と題されているにもかかわらず，「コミュニティ」「デザイン」の語を定義することなく，ここまで文中で使用してきました。それは，自分の読書経験だけに基づく読書理論なる抽象論が先にありきであったり，その理論を実践してみて検証するということではなく「理論を実践へ（theory into practice, theory through practice）」，読書にかかわるさまざまな人の個々の活動や実践や智慧の中に暗黙にはたらいている理論に学び，とらえつなぐことで，読書コミュニティ実践の理論，デザイン原理が形を表わしてくる（theory in practice）と私が考えているからでもあります（秋田・市川，２００１，秋田，２００５）。しかし，読書実践のコミュニティとはどのようなものとしてとらえられ，読書コミュニティを形成するデザインの原理がどのように考えられるかを本節で述べてみたいと思います。

「コミュニティ」の語源はオックスフォードの英英辞典で調べますと，「コミューン（commune）」

であり、「語り合う、心を通わせる、共同体意識のある場で物事や所属観を共有すること、多種多様な生命によっておりなされる宇宙」といった意味をさす言葉です。教育社会学者の松原（１９７８）は「コミュニティとは、地域社会という生活の場において、市民としての自主性と主体性と責任とを自覚した住民によって、共通の地域への帰属意識と共通の目標と役割意識をもって、共通の行動がとられようとする、その態度のうちに見出されるものである。特に生活環境を等しくし、かつそれを中心に生活を向上せしめようとする共通利害の方向で一致できる人々が作り上げる地域集団活動の体系が、コミュニティの発現形態である」として地域社会の方向を示しました。読書という活動に限定して考えるなら、「読書文化へ子どもたちの参加を誘い、共に読書生活を楽しむというビジョンを共有する、市民としての自主性と主体性と責任を自覚した人達による集団体系」ということができます。コミュニティは「場」が開かれていることを前提とした「参加」という概念と場の呼びかけに応じる人たちとの関係のうえに成り立つものです（苅谷、２００４）。

また「実践コミュニティ」という言葉（ウェンガー他、２００２）を借りれば、「読書という話題に関して関心や問題を共有し、その分野の知識や技能を持続的に相互交流して生み出し、共有し実践を深めていく学習者ネットワーク」ということもできます。もちろんそこには、大人も子どもも入るわけですし、司書、学校図書館司書、司書教諭といった専門家もいればボランティアも含まれます。実践のコミュニティというものを考えてみると、表２−１のような種類のものがあります。

特にコミュニティとして意識していないがそれぞれのところで読書にかかわる活動をやっているという認識されていないコミュニティ、一部の親しい人たちの組織としてやっている集団としてのコミュニティ、市民サークルや団体などで公的に認められている人たちによるコミュニティ、物資や経済的支援を受けているNPOや団体、学校図書館や公立図書館、あるいはSLAや読書推進協議会など読書にかかわる組織団体は制度化されたコミュニティといえるでしょう。またそれぞれの縦割りの管轄では皆集団を形成していても、それがより広い視野から見ると読書で人がつながるコミュニティとしてはまだ認識されていないという場合もあるでしょう。

図2－1のように、地域で、あるいはオンライン上でといった形でより広範な広がりの中に読書コミュニティが形成されていく、読書について同じ志やビジョンをもった人がグローバルな形で相互につながり合うと考えることができます。読書メソッドについて何が本家か、誰が創始者などを議論して序列ができる閉鎖的独占的な階層組織ではなく、それぞれの地域のグループでの智慧を交流しコミュニケーションすることで相互進化発展していきます。本著を執筆している読書コミュニティネットワークのメンバーは、全国さまざまなところで、教師・保育士、司書、学校図書館司書、司書教諭、地域の図書館や学校で読書活動のボランティアをしている方や絵本作りなどをしている方、作家、書店の方、読書教育に携わる研究者、病院で患者さんと本との出会いを考えている看護士の方、特別な活動はしていないが読書を楽しんでいて関心がある社会人など、立場はいろいろで

表2-1　実践のコミュニティと公式の組織との間の関係（ウェンガーら、2002の一部抜粋）

組織との関係	特徴
認識されていないコミュニティ	組織から見えない、時にはメンバー自身もその存在に気づいていない
密造されたコミュニティ	「事情通」の人々が非公式に認められている
正当化されたコミュニティ	有益な機講として公式に認められている
支援を受けたコミュニティ	組織から資源の提供を直接受けている
制度化されたコミュニティ	組織で公式の地位や機能を与えられている

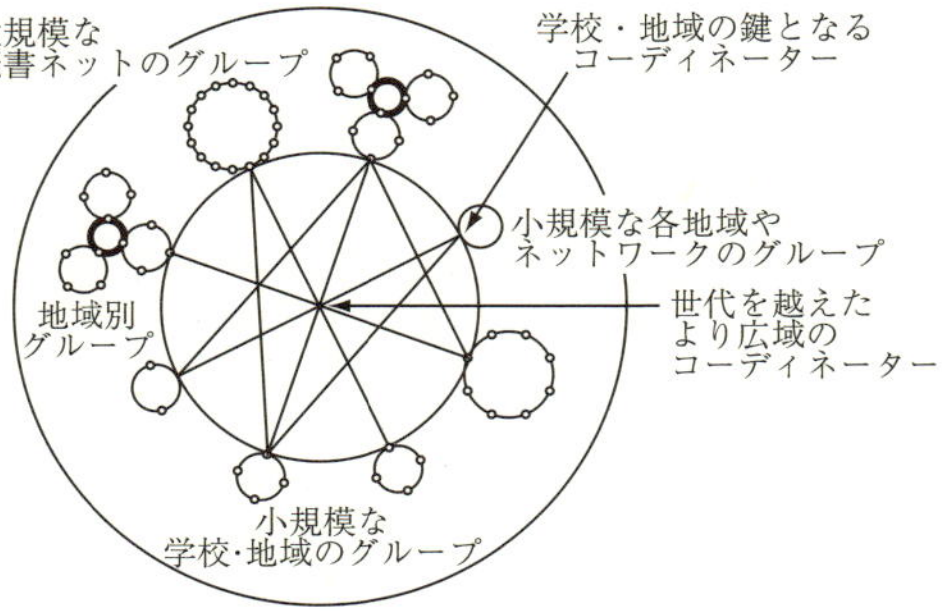

図2-1　グローバルな読書コミュニティの構造（ウェンガーら、2002の一部に加筆修正）

す。しかも乳幼児と絵本との出会いにかかわる方からお年寄りと本について考えておられる方まで、また国内での活動から海外での読書を支える方までさまざまです。しかし人が生きること、暮らすことにおいて読書が重要であると考え、「読書をすべての子どもたちに」というビジョンを共有する人たちであるわけです。おそらくそのような方は各地にたくさん散在しておられますが、それらの人がネットワークを認識されているわけではありません。読書コミュニティの形成への共同参画という意識をもつことで、さらに読書について、本や活動、そこで起きる出来事についての専門的な知識を相互にわかち合うことができるようになります。目立ちたがり教えたがりの人たちの「教え―教えられる関係」、師匠─徒弟関係ではなく、おのおのの専門性や経験に相互に敬意をもって、他者から学び援助し合うことで、ネットワークに信頼の絆ができていきます。コミュニティに参加した人は読書にかかわる活動をしながらその智慧を生成し、出来事の事例を生み出し、またそれをつなげ合ってふり返ることをします。それぞれの地域や学校、学級、サークルなどでの、個人や集団での実践事例を語り合い聴き合い学び合い、時には事例を記録し残していくことで、読書コミュニティとしてさまざまな智慧が蓄積され、わかちもたれていくと考えられます。読書は4つのH、**Humanity**（人間性）、**Humility**（慎み深さ）、**Humor**（ユーモア）、**Hope**（希望）を育て、そしてこの4Hをもった人たちによって、読書コミュニティが作り出されていくのではないでしょうか。

2　コミュニティのデザイン原理

本節は、3章以後の実践を読んでいただいてから、読んでいただいた方がわかりやすいかもしれません。本章1で述べたような読書コミュニティの輪を支えていくのは、表2－2のデザイン原理が暗黙にはたらいて実施されているときです。本書に掲載された事例だけではなく、ここでは紙数の都合で細かく紹介はできませんが、これまでに先達が学校図書館や公立図書館、公民館など地域のさまざまな場所で行なってこられ、報告されている事例の中にもこの原理が当てはまる活動は多

表2-2　読書コミュニティのデザイン原理

〈ビジョン〉

1　読書をめぐる実践を子どもと共に行なうことを通して、市民としての読書生活を作り出す。

2　読書コミュニティはコミュニケーションの軌跡が記録され物語られることによって、コミュニティ意識や成員アイデンティティを作り出す。

〈こと〉

1　本を通して人と人が出会い語らい、絆が生じるような対話型活動とそのシステムをデザインする。

2　本を通して、子どもたちが新たな自己や他者、世界と出会う出来事をデザインする。

〈人〉

1　組織の境界に縛られることなく、活動に参加することで連携する。

2　大人は指導者ディクダシオンではなく、デザイナー、コーディネーター、アニメーターであり、共に学ぶ学び手として機能する。

〈もの〉

1　「物」としての本と著者性（オーサーシップ）を大事にする。

2　学校教育で提供される知識や情報だけにとどまらず、多元的な価値や智慧、出来事を提供できる本と出会えるようにする。

3　本をめぐる活動の語りや考えの記録（映像・文書）が読書活動のシステムを支え、新たな読書ネットワークを作り出す

〈時間〉

1　日常的な長期継続的活動（帯単元、帯時間など）によって支えられる

2　祭り等のイベントが改めて日常を見直し、成員間の一体感を作り出す

〈空間〉

1　学校図書館・公共図書館や書店という特定の場所がセンターとなると同時に、分散的な読書空間がデザインされることによって有効に機能する。

2　読書の空間は、多様な機能を担う混在した場として機能する。

いように思います。それらを実践コミュニティという視点から整理してみること、特に本を一人では読もうとしない中高校生とのかかわりで考えてみるなら次のようなことがいえるでしょう。

〈ビジョン〉に記したことでいえることは、本を一人で読む読書だけではなく、読書をめぐる生活そのものを対象とした活動を組むことです。また〈もの〉の3に述べた原理にもあるように、読書にかかわる実践をして終了ではなく、たとえば実践の活動の軌跡を冊子にしてみる、つまり記録（Ｂｏｏｋ）することで、集合の記憶、アルバムができ、一体感が強まりその地域の読書文化に対して本にかかわる大人の側の意識も高まっていくということです。3章に執筆されている新井先生は読書にかかわる活動や紹介、著者との出会いを学級通信にし、さらに年間の通信や作家講演会の記録を冊子にされています。5章に執筆されている朝の読書を幼小中高でやっている里美村の神永さんの実践では、朝の読書実践記録集という活動記録を5集まで続けて出してきておられます。またこのコミュニティネットワークでも大会記録の作成を庄司さんを中心にやっています。毎年をふり返り、ネットワーク成員としての絆を感じるというわけです（図2－2）。私は学校図書館の司書の方が冊子をまとめられたり、公立図書館の司書の方が他の図書館視察をされた記録をまとめていくことで、子どもの読書を支える人たちにさらなる連帯や学びが起こることを、自宅へ冊子を送っていただいたり話をうかがう中で実感してきました。生徒参加の学級・学校・地域での読書コミュニティとそれを支える大人たちの読書コミュニティ、それらが重なり合って皆で読書コミュニティ

図2-2　読書コミュニティネットワーク主催のフォーラム報告集

を形成していきます。

〈こと〉についてはすでに1章で詳しく述べてきたことですが、読書を知識や情報の獲得、教養の伝承としてだけではなく、知の創造、学び直し、わかり直しの過程が起こることととらえ、そのために、独白ではなく心の中で、あるいは人との間で起こっていく対話の過程としてみていくという視点です。このような視点が3章以後の生徒たちの言葉の中にはちりばめられています。絵本の読み聞かせをしようとする中で、昔読んだ本にもう一度出会い直したり、現地の言葉に翻訳することで本の言葉を吟味したりするわけです。

そしてそのためには、〈もの〉としての本において、マスコミでよく紹介される本であればその解釈の相違を相互に確かめ合ったり、また同じトピックでもさまざまな著者の本から異なる視座がわかるような本との出会いや著者独自の世界を知ることのできるような本の紹介の準備や、書店に山積みされる新刊書では出会うことのできないマイナーなおもしろい本の紹介・デザインが求められます。また生産、創造、成長を示す明るい出来事や抽象的な情報を得る経験だけではなく、喪失や失敗、困難や葛藤などの社会の中での陰やひだ部分に具体的にふれる出来事や現実の具体的複合的な奥深さを知ることのできる経験を、本を通してできるよう活動をデザインする視点です。自己効力感をもてない思春期の生徒たちにとっては，3章の和田実践や金子実践，夏目実践のような試練に立ち向かい生きるための智慧や倫理と出会える本が必要なのです。

総合学習やいのちの授業で本と向き合うときの生徒たちの真剣さは，このような価値を含んだ本に出会ったときに生まれます。手で読む絵本作りという卒業研究に取り組んだ高校生内田万里子さん（東京大学教育学部付属中等教育学校，２００５）は，さわる絵本を追究していくことで障碍《がい》を持った人が生きる世界や，さわる絵本の絵がどの程度立体的であればよいのかといったことに気づいていきます。手作り絵本は本の数から見ればマイナーなものですが，内田さんは絵本作りを通して以下のように語り，バリアフリーとは何かということを具体的に学んでいます。

このさわる絵本が，視覚障害をもった子どもの他者とのコミュニケーションをはかるきっかけを作るということである。盲学校の生徒が「見える子と一緒に読んで楽しめそう」という感想を言ってくれた。確かにさわる絵本であれば視覚障害をもった子もそうでない子も一緒にさわって楽しむことができる。それがコミュニケーションのきっかけとなり，他者との関係を作り上げることの手助けになるのではないだろうか。

読書における〈人〉の重要性は，いうまでもありません。一冊の本を片手で無造作に持って図書の貸出カウンターに来た生徒が，司書の方に「この本の作者はこの学校の卒業生でね」とひとこと語りかけてもらった後では，その本を大事そうに両手に持って出ていったという話を学校図書館を参観させてもらった大学生から聞きました。本を知っている人，しかも身近な信頼できる人の話には説得性があります。そしてまた学校では教師や生徒という固定の役割を期待されている大人や子どもが，町で一緒に読み聞かせしているときにはその役割からは解放されて市民として本の語り手になることができますし，高校生も大人も一緒に学ぶこともできます。人は一つの集団に参加しているだけではありません。さまざまな場でさまざまな役割を担います。これは読書においても同じです。学校の中では読解力が低いと見られている子どもでも，幼稚園で読み聞かせをしているときにはまったく別の面が引き出されます。また，私は司書や教師として働いておられる方が大学や研修の場に学びに来られる場面にもよく出会いますが，その方たちは外に出てみることで新たな着想や可能性が見えてきたり，意味づけができたりすると言われます。家庭では母親として子どもを見ていても，学校で読み聞かせボランティアをしていることで，子どもを見る目も変わってきます。「多重成員性」，いろいろな集団のメンバーであることが，あらたな面を引き出すのです。

　そしてデザインという言葉に最もしっくりくるのは，時間や空間をどのように設定，設計するかということかもしれません。読んでいない子どもの立場にたつという視座が時間のデザインを考えるときの基本でしょう。そして参加に巻き込む魅力的な出来事をいつも大人側が準備するのではなく、生徒たちが読んでいる本に目を向けることや話していることに関心を寄せることから始まるのだと考えられます。また空間については、図書館でも中心の学習センターや情報センターという中心部分よりも、書架の陰で読むのを好む生徒、図書館には行かなくても美容院や医院、電車の中では本を読むという生徒もいます。本にかかわる場を中央管理した場へ誘うという発想だけではなく、分散型空間の方が目的に応じた読書ができるということもあるでしょう。本のある場としての図書館は、学校でも学年や学級を越えて人が混在して出会う場であり、学びと遊びと癒しという機能が実際に混在する場であり、現在の自分、現実の自分と未来の自分、想像の自分という現実と虚構世界が混在する時間に生きてみることを認めている場です。情報センター、学習センター、読書センター、癒しセンターがそれぞれ機能分化しすぎず、意味空間として「混在性」のあるデザインが、子どもにとって居心地のよい時間と空間を作り出すのかもしれません。それを具体的にそれぞれの場でどのように作るかが求められるのです。

コミュニティのデザイン原理として、表2－2に示したことは、おのおのがばらばらにある原理ではなく、具体的にはある時間と空間、人がいて本がある中で有機的に生じていることです。本節で抽象的に書いたことが、実際どのように相互に機能し合っているかを、次章以後の具体的な実践の中や読者の方々の実践の中に、見出していただければと思います。

秋田喜代美（東京大学大学院教授）

2部　本と出会う教育の場のデザイン

——新たな読書コミュニティの創造

3章 教室からの読書コミュニティづくり

1節 本との出会いを作り出す教師

1 読書の継続が「言葉の力」をはぐくむ

生徒たちの言語力がとても貧弱になってきている——これはさまざまな面に大きな悪影響を及ぼしており、見過ごすことのできない問題だ、と思いはじめたのは十数年前のことです。当時、本校では漢字の連続学習を実践していました。「一字主義による学習」と称するものです。漢字は世界の文字の中でも、意味と音をあわせもつ固有な文字であり、私たち日本人の思考と文化の形成に大きく関与しています。そのことを考慮して、いきなり熟語を学ぶのではなく、漢字一字一字についての意味と訓《よ》みを基礎からしっかり学ぶ必要があると考えました。具体的には漢字一字についての「意味」と「訓み（音および訓）」のみを出題し、該当する漢字を書いて回答するものです。難易度を徐々にあげながら常用漢字を主とした2025字を学習します。事前に家庭等で学習し、毎回の授業の10分程度を小テストにあて、抽出した50題による全校一斉のテストを月に一回ほど実施します。クラスごとに正答率の高さを競って成績上位クラスを表彰し、年間を通して成績優秀だった生徒にはその努力を讃えて賞状を出すというものです。年間を通しての学習ですから、ふだんの学習習慣の回復を期待してのものでした。クラスごとの成績も競いますから、担任教師としての取り組みもしやすい面もありました。この一字主義の学習を基礎と位置づけ、二・三年生は熟語の学習へと進みます。10年ほど続けた試みでした。

しかし、週5日制への移行が進むことによる授業時間の減少や、生徒たちの学習意欲の拡散と停滞、教員の負担増などによりこの試みは中止を余儀なくされました。私自身はそれらの試みを通して、生徒たちの漢字力の減退を感じ続けていましたが、それ以上にさまざまな種類の言葉を身につけることの必要性、つまり語彙力の不足を年を経るにしたがって強く感じるようになっていました。私は人間のさまざまな環境や歴史に対する認識とそれらと対峙して作られる思想は、本質的に言語によって形成されるものだと考えています。種々のマスコミによる情報や近年のインターネットの普及により、一見すると言語は私たちの生活空間にあふれかえっているように思われます。しかし、逆に今ほど、個にとっての生きた固有の言語世界が希薄な情況はないといってよいでしょう。語彙力の不足は、人間の認識力や思想の形成を妨げるものだと思うのです。そしてこのような現象が青少年期に顕著なことだとしたら、事態はきわめて深刻です。なぜなら生涯で乳幼児期とこの青少年期こそが、言語世界を一歩一歩確実に身につけ、そのことによって個人個人の人格の核が作られる大事な時期であると思うからです。発達段階に応じた言語世界の獲得の道すじがないことは、人間の成長にとって致命的であり、論理的な思考や他者とのコミュニケーションを著しく疎外し、いきおい感情や感性で判断し行動せざるを得なくなります。個人ごとの固有性が強く共有化しにくい感情や感性に依拠するとなれば、現状のように若者たちが孤立化したり、閉塞感や無力感にとらわれるのは必然です。

1．「朝の読書」と「ふれあい文庫」

１９９９（平成11）年9月12日、私は同僚と一緒に福島県石川町で開催された第2回「朝の読書教育研究大会全国大会」に参加しました。それは本書編者の庄司一幸さんとの出会いでもありました。私たちは、この運動が現在の子どもたちにとってきわめて有効であり、たんに読書の運動にとどまらず、言語力や思考力の回復と養成、さらには家庭や地域との結びつきによる子どもたちの社会性の向上にもつながる、豊かな発展形態をもっている実践だということがすぐにわかりました。読書は文字や言語を断片ではなく、ひとつらなりの考えを表現しているものとしてとらえ、それを継続的に自分なりの進度で理解し豊かにしていくものだからです。また、子どもたちの視線を無理なく社会に広げるものでもあります。大げさでなく、ようやく貴重な鉱脈にめぐり会えたという想いでした。

帰校後、私たちの学校でも取り組もうと職員会議に提案し、論議を重ねました。当初はさまざまな疑問や異論が出されましたが、それらは最終的に「読書は強制すべきものではない」という考えに集約されていきました。しかし、いまやその考えはあまりに古典的、牧歌的であり、学校現場にあってはたとえ強制してでも、子どもたちの言語力を豊かにする使命と責任があると思えてなりませんでした。その考えのもと、私たちは教職員の共通理解と意思統一が成否の鍵をにぎると考え、庄司さんに来校を願って実践の報告をいただいたり、またくり返し職員会議を開いて徐々に考えを深める努力を重ねたりして一か年の準備を続けました。この取り組みについて当時の校長、副校長の理解と応援を得たことも重要な要素でした。しかし、ここで重要なことは、観念的になりやすい論議よりも、実践の経過として生徒たちの変容と成長の姿のほうが朝の読書の有効性をなによりも示すことが、あとになってわかることになります。

こうして2001（平成13）年4月より全校一斉の「朝の読書」を開始しました。教職員の組織では、学年部長を含む各学年2名の計6名と、教科代表で構成する図書館運営委員会との合同による「朝の読書委員会」をつくり、実施の推進母体としました。さらに、保護者の賛同と協力が不可欠と考え、二、三年生の保護者には、書面でできるだけ詳しく説明し、新入生の保護者には、入学時に書面と学年部長および担任が詳しく説明するなどの対策をとりました。

開始前には教室に学級文庫を開設することも検討しましたが、生徒各自が選び、持参することが大切と考え、設けないこととしました。しかし、それに代わるものとして校舎内の一角に「ふれあい文庫」を設置し、保護者にこの活動の趣旨をお知らせするとともに、家庭にある不要な本の提供をお願いしたところ、２５０冊ほどの提供があり、うれしい出発となりました。この文庫は、持参するのを忘れた生徒が自由に持っていき、読み終わったらもとの場所に返すだけでよいとし、その整理を生徒会執行部にお願いしました。また、各担任が自分の本を提供したり、クラスの生徒に呼びかけて学級文庫の設置に自然発生的に至った例も少なからずありました。担任やクラスの個性が発揮された場面です。また先の「ふれあい文庫」には教職員からの寄贈があったり、さらには学園の理事長が理解と支援を表明し、蔵書を５００冊ほど提供してくれたりなど、私学のよさをあらためて認識することもできました。

2.「朝の読書」と「生きる力」

「朝の読書」を開始して、すぐにみられた効果は次のようなものでした。

まず8時40分の始業時にはそれまでかなりざわついていた教室の雰囲気が、一斉に静寂に包まれ、一種の快い緊張感をも感じられるほどに変化したこと、皆無とまではいきませんが遅刻する生徒が目にみえて減少し、遅刻は恥ずかしいことだという認識がより深まったこと、また読書終了後そのままショート・ホームルームに移行しますので、さまざまな連絡が徹底できたことなどです。しかし、これらはいずれも現象面でのことです。「朝の読書」はこれらのことを目的としないわけではありませんが、主要な目的ではありません。「朝の読書」がめざすものは、「考える力」や「生きる力」を身につけていく道すじを学ぶことだと思います。

「朝の読書」によって、ふだんはかえりみなかった家庭の蔵書を手にとるようになり、父母や祖父母たちと語り合いが生まれ、それまで想像すらできなかった家族の若い日々の生活や想いにふれた生徒、書店に足を運びこれまで見たこともなかったさまざまな分野の書物があることを発見し驚いた生徒、また自分の住む町の図書館に行き、たくさんの書物に出会うとともに図書館の役割と必要性を感じた生徒、さらには友人から薦められたり友人に薦めたりしてそれまでとは違う話題を共有化した生徒などにより、さまざまな話題が教室に飛び交いました。なかでも一冊の単行本を何日もかかって初めて読み通した生徒は、私にその内容を伝えたいがために休み時間や放課後に何回も訪ねてきて、もどかしそうにではありましたが、あらすじを追いながら自分の感じたことをつまりながらも必死に自分の言葉で伝えようとしました。その経験は私自身もそれまでに味わったことのない得がたいものでした。

しかし、すべての生徒がこのような姿を示したわけではありません。中には黙って読むだけの生徒、所在なさそうに雑誌のページを繰るだけの生徒、何日か続けて窓の外の景色を眺めて時間を過ごす生徒などもいました。私はこのような生徒たちにはあえて注意することをしませんでした。なぜならこのような姿を示す生徒は、必ずといってよいほどなんらかの問題を抱えていることを知っていたからです。休み時間や放課後にそれとなく声をかけて家族の気持ちや生活ぶりを知るきっかけをつくろうとしました。それによって心を開き悩みを語ってくれた生徒もいる一方で、固く心を閉ざして何も語らない生徒もいました。そんな時にはいつでも応援するよといった信号を伝えて、しばらくは黙って見ていることにしました。

現在までのところ、「朝の読書」の活動によって「生きる力」「考える力」が回復されたかといわれれば、私は「そのとおりです」と自信をもって答えるのにいささか躊躇せざるを得ません。生徒たちとの会話が十分でないこともあるでしょうし、私の見方が浅いためでもあるでしょう。しかし、すべてではありませんが、何人かの生徒が自分の世界を広げる道すじやきっかけを手にしつつあることは確かです。それらの生徒の話す内容は、断片のつながりから論理性をもちはじめてきていますし、自分の現状や将来の進路についての考えが私にはより確かなものになってきていると思われます。

3.「生きる力」の回復をめざして

失われた、あるいは最初から満足に育てられずにきた「生きる力」「考える力」の回復には、それと同じだけの時間が必要なのだという思いが最近強くなりました。一朝一夕で失われたのではない「力」の回復は容易ではありません。しかし、学校という場で、意志さえあれば取り組める「朝の読書」の活動は、十分にその端緒になり得るということは、私自身の日々の取り組みを通じて揺らぐことはなく、むしろしだいに確かなものになりつつあります。

考えてみれば、私たち大人はこの数十年を通じて、子どもたちの言語力を弱いものにし続けてきた、ともいえましょう。子どもたちの弱体化は、その多くが彼ら自身の責任ではなく、大人や社会がそのようにしむけてきた結果だといえると思います。これまでの教育やしつけを全否定するつもりはありませんが、少なくとも子どもたちがものごとを自分で考えたり決定したりする契機や力を保証しなかったり、時には奪い続けてきた面があると思います。私たちは「これをしてはいけない」「こう考えなければいけない」「このような生き方をせねばならない」と子どもたちに言い続けてきたのではないでしょうか。そうではなく、「きみはどう考えるのか」「なぜそのように思うのか」「きみはそれらをどのように形成してきたのか」という問いかけを没却してきたように思います。もしそうであるならば、それは「考えること」を奪い続けてきたことにつながります。ならば、たとえ歩みは遅くとも、一歩一歩言語世界を獲得する方法と場を保証し、自分の眼と心で「生きる力」を豊かにさせていくことは、むしろ私たち大人の責務であると考えます。そして「朝の読書」の学習は、その方向性を明確に指し示しているといえます。

3年間この学習を経験し、まもなく学校を巣立っていくある生徒の文章を紹介して、この項を締めくくりたいと思います。

僕は小さい頃は少し本を読んだことがあるけれど、そのあとはさっぱり読まなくなりました。なんかめんどうだしおもしろくなかったからです。それがこの学校に来て朝の読書があると知ってやだあと思いました。でもみんながわりあい読んでるし、僕もちっとは読まなきゃと思って家にあった面白そうな本を読みはじめました。でもこれが意外にはまって、いつか気がついたら夢中で読んでるようになりました。そしてだんだん10分間というのが短くなって、もう少し読ませてくれないかなと思うようになりました。読んだ本はそう多くなかったけど、なんか本を読むことは気持ちが落ち着いて、いろんなことがじっくり考えられるように思いました。それと、小さい頃の読書のおもしろさや夢中になって読み続けたことを思い出しました。ＴＶや音楽もほんとうにおもしろいけれど、本を読むことはなんか心が豊かになって、自分が少し大人に近づけたかなと思えます。これからもできるだけ時間を見つけて本を読むようにしていきたいと思います。そして自分の関心や知識を広げていきたいと思っています。朝の読書は僕にとって、とってもいい経験でした。

2 子どもたちに言葉のシャワーを――「連続朗読劇場」の力

松山賢二（中越学園中越高等学校教諭）

1．「連続朗読劇場」とは何か

(1)「連続朗読劇場」を始めたわけ

①願いを込めてスタート

「連続朗読劇場」とは、ひとことで言うならば「教師による読み聞かせの帯単元」です。ここ何年か、私の国語の授業はこの「朗読劇場」で始まっています。出席をとったらすぐ本を開き、呼吸を整えて一気に本の世界へ入っていきます。

生徒たちは思い思いの姿で本の世界にひたっているのがわかります。目を閉じている子、うつぶしている子、こちらを見つめている子。緊迫する場面では息をころし、読み終わるとふうっとため息が漏れたりしています。感動的な場面では、そっと涙をぬぐう姿も見えます。時にはいかつい男

図3−1　連続朗読劇場

子生徒が泣いていることも。そんなときはもちろん読み手である私も声が変わらないように必死です。一日わずか10分程度の時間ですが、生徒たちと本、生徒たちと私を結びつけてくれる、大切なかけがえのないものとなっています。

中学校に入ってきたばかりの生徒がそろって読書好きであるということはほとんどないでしょう。むしろ「いままで本らしい本は読んだことがない」「漫画なら好きだけど本はきらい」という生徒がほとんどです。たまに小学校時代によく本を読んできたという生徒がいても、部活動や定期テストの準備に追われて読まなくなってしまう場合も多いものです。目の前にいるそんな「不読者」、「本嫌い」の生徒たちにどうにか本を手にとってほしい、読書の喜びを味わってほしい、その一心で考案したのが「連続朗読劇場」です。

②本のオイシサを伝えるために

本に親しませる方法は他にもたくさんあるでしょう。毎時間10分も取れない、本の紹介やブックトークだってよいのでは…と考えられるかもしれません。私もかつてはそうでした。きっとみなさんもいろいろ工夫をされていると思います。けれども他の方法ではどうしても読ませることのできない生徒が残ってしまいました。

この本はこんなにおもしろいのよ、といくら声をからしても、筋金入りの本嫌いの生徒たちはふん、と鼻を鳴らして「めんどくせえんだよ」「俺らは本なんて読めないの」とどうしても食いついてきませんでした。

気がついたときには本が好きになっていた私には想像がつかないのですが、「不読者」である彼ら、彼女らに共通していることが何点かあります。まず、頭から本はむずかしいもの、つまらないものと思い込んでいることです。読んだことがないのだからしかたのないことですが、惜しいことです。次に、身近なところに本がない、図書館や図書室に行く人の気が知れないと思っていることです。家に本がない場合ばかりではありませんが、あっても目に入らない場合もあります。そしてこれが一番問題であると思うのですが、そういう自分のことを頭が悪いと思い込んでいることです。読まない自分を恥じる気持ちがあるのです。読める人と自分とは人種が違うと毒づきながら、本当は読めるようになりたいと願っているものなのです。これは多くの生徒が「読める」ようになってきて初めてわかったことでした。

そういう生徒たちに、たとえば絵本などを紹介しても喜んではくれません。馬鹿にされたと思ってしまうのです。ならばどうしたらよいのだろうかということで、思いついたのが「試食販売方式」とでもいうのでしょうか、実際に教室に私が選んだ本を持ち込んで、私が強制的に聞かせる、味見をさせるということでした。それもなるべく長めのもの、自分では絶対に手に取りそうもないもの、できたら心に響き、しみ込み、生徒の支えになったり、心を耕したりしてくれるものを毎日届けよう、そのうちに自分から本を手にする日が来るに違いないと思いました。そうして「連続朗読劇場」は始まりました。中学生の自尊心を傷つけないようにネーミングにもこだわりました。「読み聞かせ」というと、小さい子の離乳食みたいに思えたからです。

(2) 生徒との3年間―本をめぐって―

①最初の本は何にしよう?――中学一年生

連続朗読劇場を始めたころに教えていた生徒たちが中学校に入ってきたときは、本好きの生徒を探すのがむずかしく、「小学校のときには一冊も読まなかった!」と豪語する生徒が何人もいました。さらに私語が多く、授業がやりにくい状態でした。そこで最初が肝心と、『ハードル』(青木和雄、金の星社)を選びました。読み始めたとたん、ぐいっと生徒の心をつかめたのがわかりました。読み終わるのに2か月以上かかりましたが、その間ずっと国語の時間を心待ちにしてくれていたのはうれしいものでした。この本は小学校高学年向きの本だと思うのですが、耳からのみの理解は、こちらが思うよりもむずかしいものですから、とくに最初の頃の本選びは「この作品では少し簡単かな」というくらいのものにしました。表現や文体は簡単でも、内容はぎっしり詰まっています。受験の重圧、万引き、濡れ衣、父親の会社の倒産、両親の離婚、いじめ、友情。中学生である生徒たちにも自分自身のこととしてじっくり考えてほしい問題が、次つぎと起こります。しかもまるでジェットコースターのようにハラハラドキドキのストーリー、登場人物のセリフの多さもまさに「連続朗読劇場」向きのお薦めの一冊です。しかし、これがあまりにもインパクトの強い一冊でしたので、次の本を選ぶのに苦労しました。

一般的に、読書の経験や、読んでもらったことがあまりない一年生であれば、「本って、おもしろいんだなあ」と素直に思ってもらえる本選びを心がけたいと思います。自分が中学生のころ夢中になった本は何だっけ、と思い起こし、その本を読み直してみることもお薦めします。たとえば『時をかける少女』（筒井康隆、角川書店）や『お父さんのバックドロップ』（中島らも、集英社）などは、長さもちょうどよく、心に残る良書で、入門期の「連続朗読劇場」にぴったりでした。もちろん生徒たちにも読んでみて好評でした。他にも学期に二、三冊ずつ読んでいきました。

②少しずつ変化が見えてきた――中学二年生

「連続朗読劇場」があたりまえになってしまったのか、何を読んでも反応が鈍いように思われた時期がありました。机にべたっとうつぶしている生徒もめだつようになり、拒否されているような寂しさを感じることもありました。週4時間あった国語も二年生になると週3時間になり、朗読を続けることは時間の無駄なのではないかと悩みました。

しかし、ある日「私の好きなもの」という作文でこんなことを書いてきてくれた生徒がいました。その子は国語の苦手な、正直いうと朗読も聴いていないのではないかと思っていた生徒だったので驚きました。

私の好きなものは、やはり連続朗読劇場です。毎回楽しみで仕方がありません。（…中略…）私は本を読むことは好きではありません。本を読むことは良いことだとは思っていますが、つまらないと思ってしまうので、なかなか自分から進んで読むことはないです。（…中略…）でもいくらつまらなそうと思う本でも宮本先生が読むと、この本いいかもと思い、つい買ってしまいます。やはり宮本先生の力だなと思います。聞いているとなんだか引き込まれてつい聞き入ってしまうのです。そして、今日はここまでと言いながら本を閉じるのを見るとすごくがっかりします。先生が読んでいるときは、このままチャイムがなるまでずっと読んでくれないかなあと密かに思っちゃったりしているわけです。（後略…）

このころ、気がつけばあんなに騒がしかった学年全体が落ち着き、授業にも集中するようになりました。自信をもって続けてよいのだと生徒が教えてくれたように感じました。

この時期にはなるべくいろいろな味わいの本に出会ってほしくて、選書にも工夫しました。たと

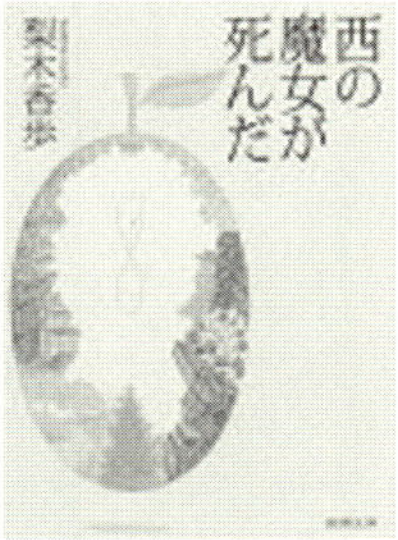

西の魔女が死んだ

ハードル

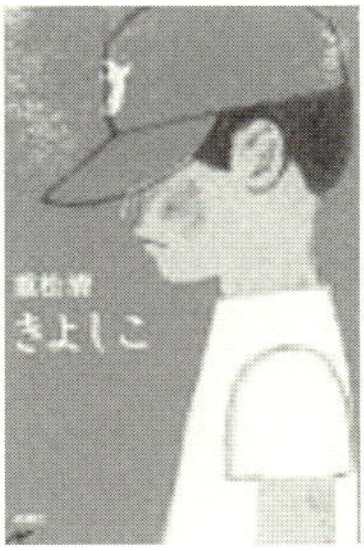

きよしこ

時をかける少女

ぼくはここにいる

お父さんの
バックドロップ

えば、『西の魔女が死んだ』（梨木香歩、新潮社）、『きよしこ』（重松清、新潮社）、『ぼくはここにいる』（さなともこ、講談社）、などです。その他にも、夏目漱石の『夢十夜』も人気がありました。

③卒業を前に――中学三年生

三年生の国語の授業のスタートも、やはり朗読劇場でと決めました。しかも絵本です。この世にはすばらしい絵本がたくさんあるのに出会っていないのはもったいない、言葉を使うことにもっと責任を感じてほしい、大切に使ってほしい、という願いを込めて『ピーボディ先生のりんご』（マドンナ、集英社）を選びました。

ピーボディ先生のりんご

（…前略）絵本だからって何も得られないわけじゃない、「ピーボディ先生のりんご」は何回思い出してもそう言えます。中学生が絵本を読むということに抵抗があった私に、その抵抗をなくしてくれたのがこの本です。話も良かったけれど、何より印象に残っているのは絵です。小さい子が見るにはもったいないくらいの絵でした。（…中略…）この本のおかげで今では本屋さんで気になった絵本を手に取ることができるようになりました。（後略…）

この生徒も含め、いままで絵本は子どもだけのものと思っていた生徒たちに、本の世界を広げることができました。

その一方で、あせる気持ちもありました。あと1年しかない、読める本も限られてくる、さあ何を読もうか。私の読書量もどんどん増え、紹介したい本はそのつど「国語教室通信　ことばのワンダーランド」の紙面に載せました。その成果もあったのか、生徒が本を自分で買ってきたり、本の話で盛り上がったりする光景をよく目にするようになりました。気になるのは学力面ですが、これも授業に集中できるようになったせいか、聞く力だけでなく、読解力もついてきたように感じました。

「聞いているうちに頭の中に情景や登場人物の表情とか気持ちとかが浮かんでくるようになったんだよ」というような声は、中学一年の後半ぐらいの割合早い時期からよく聞かれるようになっていたのですが、そのうちに自分でも長い本を読めるようになり、気がつくと黙って読んでいてもよく読めているという実感がもてるようになった生徒がたくさん生まれました。ただ本に興味をもってくれれば、と思って始めたことなのにうれしいおまけをいっぱいいただきました。

受験を意識すると、どんなに本の好きな子でも堂々と読んでいられなくなるものです。そんなときだからこそ心にしみる本を読んであげたい、心を潤す言葉のシャワーを毎日浴びせてあげたい、そう思いながら毎日読み続けました。もちろん生徒たちも喜んでくれて、次はこんな本がいいとリ

茶色の朝

イヴの満月

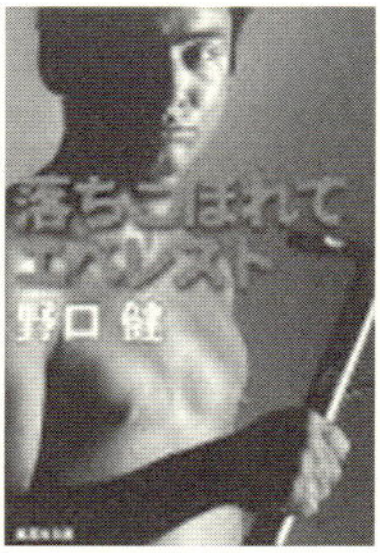

落ちこぼれて
エベレスト

卵の緒

ハードル 2

グッドラック

クエストしてくれることもありましたが、その上をいく本を見つけるのが私の仕事です。自分の選択に自信と責任をもって取り組みました。万人に向くものはないけれどもなるべく多くの生徒の心の琴線にふれるものを、と選んだ本は不思議とはずれることが少なく、何を読んでも喜ばれる喜びを感じました。

私が今年の三年生に選んだ本は、『イヴの満月』(澤田徳子、教育画劇)、『卵の緒』(瀬尾まいこ、マガジンハウス)、『グッドラック』(アレックス・ロビラら、ポプラ社)、『茶色の朝』(フランク・パヴロフら、大月書店)、『落ちこぼれてエベレスト』(野口健、集英社)、そして最後が卒業間近の現在、初心に帰って青木和雄さんの『ハードル2』(金の星社)です。どれも読んで考えさせられ、読み終わると元気になる、そんな本ばかりです。卒業しても心の中でその生徒を支える本となってくれることを願っています。

2.「連続朗読劇場」の可能性

(1)広がる「連続朗読劇場」の輪

始める前はこんなに簡単なやり方で本当に本好きな生徒が育つのかと思っていました。しかしこちらの思惑をはるかに超えた成果をあげることができました。

教師という立場をうまく使って、教室という場を劇場に変える。そこで一冊の本を、クラス、学年全員で共有体験として味わっていく。これは教師に課せられた使命であるとともに，教師に許された至福の時間です。また，一人で始めた試みですが，だんだんとまわりの方が共感して始めてくださったことはうれしいことです。まず今年，同僚が5年目にして「連続朗読劇場」に挑戦。どうやら私（宮本）だからできるのだろうと思って躊躇していたらしいのですが，そんなことはないと同僚の生徒たちが教えてくれました。また，隣の小学校との研修会の席でもお話ししたところ，小学校の先生も始めてくれました。もしも小学校のころから生徒が本好きだったらどんなによいかと思っていたので本当にうれしく思いました。どの教室でも子どもたちはこの時間が大好きだそうです。

少しずつ広がりをみせているこの輪がどこまでも大きくなることを祈っています。

(2) あなたもこんなふうに，そして自分流に

もしも「連続」に不安があるのであればまずは単発で，そして何を読んだらいいのか迷ったならば自分の大好きな本から，とりあえず始めてみてはいかがでしょうか。そのうちきっと「連続朗読劇場」の魅力と魔力にとらえられて止められなくなるはずです。

読み方については少しコツがあります。私は朗読に自信がなかったので，夏休みに，NHK主催の「教師のための朗読講座」を受けました。むずかしくて短時間ではあまり身につきませんでしたが，教わったことのなかで次の2点をいつも心に留めています。

① 教室読み（語尾だけ上がったり、句読点で同じように切ったりする）にならないよう、地の文は一息に。

② 会話文は思い切り「役」になりきって。

もちろんどんな技術よりも大事なことは、心を込めて自信をもって読むことです。それができれば最低限のことはクリアできると思います。できるだけ体を鍛え、声も磨き、堂々と子どもの前に立ちたいものです。

そして、私自身が一番大切にしていることは、教師である私自身が常に本にふれ、新しい本を求めて進むことです。教師が本を読み続けることがなくて、どうして生徒が読むようになるでしょうか。生徒に紹介できる本はそれまでに読んだ本の一部ですし、「連続朗読劇場」で使える本はそのうちのごくわずかなのです。

これからもよき本との出会いを求めて読んでいきたいと思います。それは生徒に対する私の礼儀であって、しかも教室に感動の場をつくり出すための、幸せの種だからです。

宮本由里子（東京都品川区立八潮中学校教諭）

3 中学生のアニマシオン

毎週1回、1日6コマ空き時間なし。毎時間1クラスの半分、20人の生徒が本を片手に国語教室にやってきます。持ってくる本は6時間ともすべて違う本です。2週間前に手渡して「読んでおいで」と言うので、学校にはそれぞれの本が予備も含めて42冊ずつ揃えてあります。

みんな比較的早めに自分の教室から移動してきます。国語教室のうしろ半分に机なしで椅子を丸く並べてあるので、休み時間のうちから十数人が丸く座っています。2年前には目を離すと、椅子を投げたり、椅子の上を靴のまま走り回ったりということがありましたが、今ではそういうことはなくなりました。チャイムが鳴る前から本の世界に入る心の準備ができているという雰囲気です。

時間になると、「読書へのアニマシオン」という読書教育の75ある作戦のうちの1つの作戦を実施して、生徒たちの発言を最大限引き出すようにします。メンバーによって、あるいは本によって差はありますが、作戦自体がよく練られていて、生徒が発言しやすいように考えられているので、たいてい活発な発言の場になります。もちろん大多数が一応は本の最後まで目を通してきていないと盛り上がりませんが。

6コマすべて、別の作戦を採用しています。そしてその時間でその本についての活動を終わりに

図3-2　アニマシオン開始前

します。そのあとで感想文を書かせたり、試験範囲に入れたり、内容を絵に描かせたりという、その他の活動につなげていくことはしません。その場で本を回収し、次の2週間後の本を手渡します。

この時に、次はどんな本だろうと心ときめかしている様子がうかがえれば、次の会もきっとうまくいきます。「これどんな話ですか?」と聞いてきたり、他のクラスの生徒がすでに読んでいて、「ああ、やっとまわってきた」といった声が聞けると思わず頬がほころびます。一方「これ、つまんないって言ってた」などと最初に言う生徒もいますが、「それは読む人しだいだよ。自分で読んでみて」と声をかけます。休み時間にくいこむ、せわしない時間ですが、次の本との出会いをうまく演出できるよう心がけています。読んでこないことには、話にならないわけですから。

この時間は、もう一人の先生と組んだ分割授業です。出席番号の前半20名と後半20名とが1週間交替で入れ替わりますので、生徒にとっては2週間に1回のアニマシオン活動になります。

1．「読書へのアニマシオン」とは何か

「アニマシオン」というのはスペイン語の「活性化する、躍動する」という意味の動詞「アニマール」の名詞形です。「読書へのアニマシオン」とは、子どもが読む力をつけるのには教育を必要とするという創始者モンセラット・サルト氏の考えから生まれてきた読書教育法です。

サルト氏の著作『読書へのアニマシオン　75の作戦』（柏書房）には「読書へのアニマシオン」の基本的な考え方と、子どもの読む力・考える力を引き出すための「作戦」75種類の実施方法が紹介されています。そしてその作戦を用いて子どもの能力を引き出す人をアニマドールとよびます。アニマドールは、自身が読書に日頃親しんでいることはもちろんですが、自分が本について語るのではなく、粘り強く、時にがまん強く子どもの力を引き出すよう手助けをするのが仕事です。

私は2000年に、国立教育研究所（現国立教育政策研究所）の有元秀文さんをリーダーとして、スペインで2週間、サルト氏が顧問のESTEL（学習・教育・読書）文化協会主催「読書へのアニマシオン」セミナーを受けてきました。また2004年には、日本にアニマシオンが伝わった当初から実践してこられた黒木秀子さんを団長として、再度1週間のセミナーを受けることができました。

基本的な考え方や約束事は、巻末に示した参考文献を御参照ください。ここではアニマシオンで

大切なことをいくつか列挙するにとどめておきます。

① 教育には教授すること（スペイン語でディダクティカ）と子どもの力を引き出すこと（同じくエデュカシオン）の二面があるが，アニマシオンはエデュカシオンに徹する活動であること。

② アニマシオンは創造的な遊びであること。

③ ただし「ただの遊び」にならないようにするために，沈黙して考える時間が必要であること。

④「1冊1作戦1回だけ」の原則がある。つまり本1冊全部を読んで，75ある作戦のうちから1つの作戦を選んでアニマシオンを実施し，その1回で終わりにすること。そして単発ではなく，計画的に違う本でさまざまな作戦を継続して行なうことが大切であること。

2. 教師の成長が子どもの成長につながる

この「読書へのアニマシオン」と出会って，最初は本を読みたいという生徒が集まってくる選択授業（20名前後）で，いろいろと試してみました。一緒にスペインに行った仲間が参観にきてくれて，さまざまなアドバイスをしてくれました。アニマドールとしての経験を多少積んだ段階で，必ずしも本が好きでない，自分の身近に本というものがなくても気にならない生徒も含まれている中学生のひと学年全員（40名×6クラス）にはたらきかけてみようと思い立ち，それからこの実践をして3年になります。この間，多くの見学者や仲間が見にきてくれました。

自分でいうのもおかしいですが、年々自分自身が成長しているのを実感しています。私は現在国語の教員歴が20年を越えますが、ふり返ってみて、読書教育に力を入れはじめたのは比較的最近のことです。自分が40歳を過ぎて人生後半に入ったと自覚し、自分自身が本を年に１００冊から、多い年には２００冊以上読むようになってからのことでした。

つまり教師自身が本を自覚的に読むようになってはじめて、生徒たちへの読書指導のはたらきかけも本格的にできるようになった、というのが正直なところです。若い頃には若い頃なりに教師としての成長はあったとは思いますが、読書教育に関していうと、自分はいったい何をやっていたのかと恥ずかしい気がします。

3．読書を通じてできる仲間の存在──大人の読書ネットワーク──

私のアニマシオンの時間を積極的に公開することで、スペインで一緒にセミナーを受けた仲間やふだんから読書教育に熱心に取り組んでいる方々と、いわばアニマシオンつながりのネットワークができました。本を通して、あるいは実際の子どもたちの動きや発言を通して、大人同士の中身の濃い対話ができます。

見学者がいるときに、うまくいったと思えることもあれば、発言がうまく引き出せずこれは失敗だ、恥ずかしいというときもありました。それをありのままに見てもらうことで、終わってからの反省会が意義あるものになります。自分がアニマドールを演じているときの癖や、直したほうがよい所を指摘してもらいました。そうした方々のおかげで、自分なりの改善を重ねることができました。

また、黒木秀子さんが東京と千葉で定期的に勉強会を開いていて、そこにたびたび参加させてもらいました。そこでも本が大好きで読書教育に関心を寄せる方々と知り合うことができました。毎回予読の本が指定されるので、その本を読んできてみなさんの発言を聞き、発見があったり自分の読みや印象を改めたりしました。本をまん中において、意義ある時間がもてたわけです。

こうした大人同士の学びあいが、自分が生徒たち相手にアニマドールとなるときに大いに役立ちました。自分も本を通して成長していく。それをさらに生徒たちと共有するという感覚です。

4．中学生にとっての読書の意義とは
——本をとおした「読書コミュニティ」づくり——

日本の学校教育で、正面きって取り上げにくいことがらとして「死」「性」「戦争」「差別」「宗教」などがあります。答えが一つに決まるものでもなく、教師は答えを知っていて生徒は知らないという問題でもありません。アニマシオンの作戦を通して、このような興味はあるけれども話しにくいテーマをみんなで同じ本を読んで共有することで、無理なく話題にすることができます。成績の良

し悪しには関係なしに，友だちの意見に耳を傾け，自分の考えを深めることができます。

朝の読書を行なう学校が増えていますが，たいていの場合，それぞれが自分の読みたい本を自分一人で読んでいるので，同じ本をみなで共有しているのとは違います。これは時間の共有ではあっても，内容の共有ではありません。

興味ある題材を小説にした作品を心に共通にもつこと，ここに「読書コミュニティ」が成立しているといえないでしょうか。運動会や遠足といった学校行事を通して，学校として学年としてあるいは学級としての連帯感を養うことに加え，同じ本を読むという体験を通して連帯感が生まれてくるとすれば，限りなくすばらしいことではないでしょうか。

こうした読書の意義を「読書へのアニマシオン」という手法が大きく手助けしてくれます。

5．年間を通した「読書へのアニマシオン」の実際

(1)まずはリラックス，遊びの時間です。たとえば俳句で遊ぶ

はじめは，予読のいらないその場でできる作戦をいくつか行ないます。

作戦57番に俳句の作戦があります。あまり知られていない俳句の一部を抜いたカードを作り（図3－3），そこに当てはまる言葉を2人一組で自由に考えさせる作戦です。私の場合は小林一茶の俳句を使わせてもらいました。次にあるようなカードを10種類2枚ずつ作ります。生徒たちを机な

しで丸く座らせて、裏返したカードを各自に取らせます。全員が持ったところでカードを表にさせ、一度読み上げさせます。それでだれとペアになったかわかりますので、席を移動して2人で考えさせます。2人に1枚メモ用紙を配って思いついた言葉を書き込ませます。

大仏の
――から出たる
つばめかな

ふるさとや
餅《もち》につき込む
春の――

図3-3　俳句の作戦で使用するカード

それぞれ言葉が浮かんだところで、発表させます。友だちに言葉がきちんと届くようにさせます。このとき大事なのは一茶さんと同じでなくてよいということです。それぞれが思い描いたイメージを大切にします。どうしてそう考えたかも自然に発言に出るでしょう。そうした発言をお互いに尊重して聞き合う場になるよう配慮することが次につながっていきます。生徒たちは一茶さんがどう作ったかを知りたがるので最後に発表はしますが、それと一致すれば正解、ということではないことをきちんと伝えます。

50分でおそらく2セットできますので、20句を2枚ずつ用意しておくとよいでしょう。後半はまた違う生徒と組になって、新たに言葉を考え出します。言葉の感覚を磨く時間になります。

(2) 詩で遊ぶ

「75の作戦」の本には詩の作戦がたくさんあります。ここでは作戦45番をご紹介しましょう。

アニマドールの目で、生徒たちに気に入ってもらえそうで、かつ傾向の違う詩を6～7編選びます。それに記号をふって、人数分の小冊子をつくります。生徒たちに「今日は詩で遊びましょう」と言って冊子を配り、自分の好きな順に番号をつけさせます（1位からビリまでです）。20人だったら全員分を発表させて黒板なり白板に一覧にしましょう。

合計点を出すとなんらかの傾向は出ますが、ある生徒が1位にした詩を、別の生徒はビリにしている、ということが必ず起こります。そして、1位になった詩を推した生徒に、どうして1位にしたのかを聞きましょう。他の生徒の後押しがあるので、自信をもって発言できるはずです。またそれに対しての反論、少数意見も尊重しましょう。この作戦をとおして、感じ方や読み方が人によっていかに違うかということを子どもたちが実感できれば成功です。それが次の本の読み方につながります。

(3) 絵本を使う

中学生にとっても意味のある絵本があります。黒木さんが長く小学生にアニマシオンを実践してきた作品で、『おじいちゃんの口笛』（ウルク・スタルク作／アンナ・ヘグルンド絵、ほるぷ出版）です。

教室の前半分の机にこの絵本を20冊を置いておきます。教室に来たら、自分の席に座って静かにこの絵本を読むように備えます。そして読み終わったら絵本は机に置いて、後ろの丸くしつらえた椅子に移動するよう言います。ゆっくり読む生徒で15分くらいかかるでしょうか、早く移動した生徒たちも絵本の内容を感じ取って、比較的静かに待っていてくれます。

全員がうしろに移動したら、カードを裏返しで取らせます。作戦は30番「なんてたくさんのもの

おじいちゃんの口笛

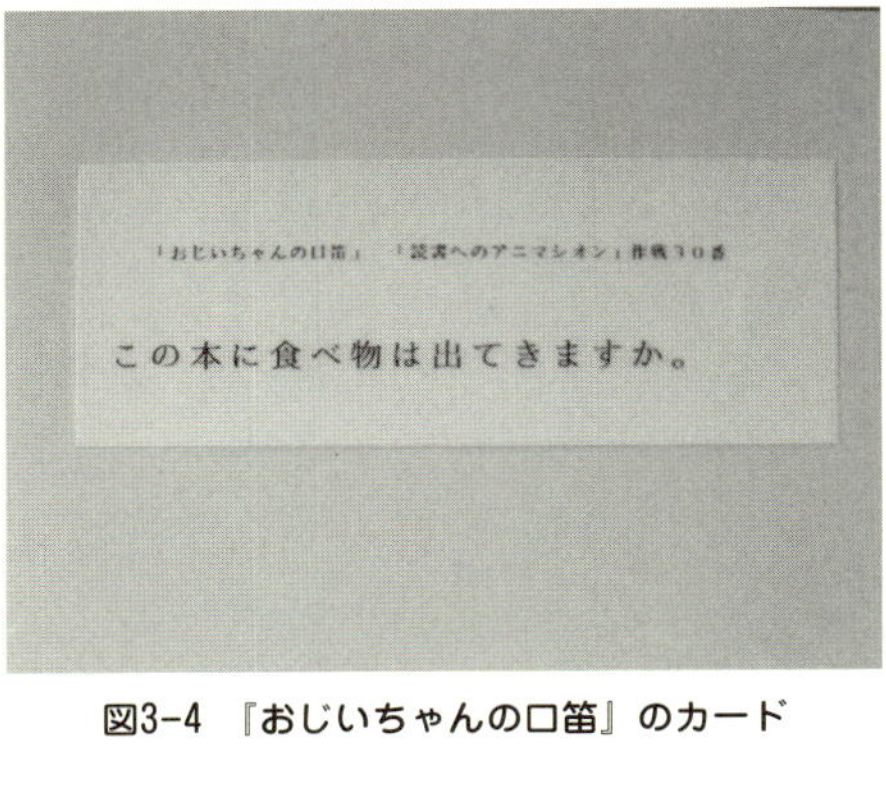

図3-4　『おじいちゃんの口笛』のカード

があるんでしょう」です。たとえば、「この本に食べ物は出てきますか」「この本に置物は出てきますか」「この本にプレゼントは出てきますか」などの質問が書いてあります（図3－4）。この作戦を通して引き出される子どもたちの発言によって、この絵本の価値が自然に明らかになっていきます。

(4) いよいよ予読へ

以上の準備段階を経て、2週間前に貸し出して各自読んでくる予読の作戦を行ないます。日本学術振興会などの研究費助成を受けて、最初は20冊ずつ買い揃えました。周囲の理解と協力を得て今では予備も含めて42冊ずつ手元にあります。

ここ数年間に中学二年生の子どもたちに与えてきた本のいくつかと、採用した作戦を列挙します。

・**『いちご同盟』**（三田誠広、集英社文庫）　採用した作戦は49番「だれが、だれと？」。登場人物それぞれがもっている価値と、人間関係の結びつきに注目させる作戦です。

・**『夏の庭　The Friends』**（湯本香樹実、新潮文庫）　作戦は54番「だれが、だれに、何を？」。会話に注目して、物語の筋を追い登場人物の生き方を考える作戦です。

・**『少年』**（ビートたけし、新潮文庫）　作戦は6番「本と私」。作品の価値を論じ、批判力を育てる作戦です。

・**『ユタと不思議な仲間たち』**（三浦哲郎、新潮文庫）　作戦は12番「前かな、うしろかな？」。動きのある楽しい作戦です。物語を順序通りに並べ替えます。仲間と協力しながら行ないます。

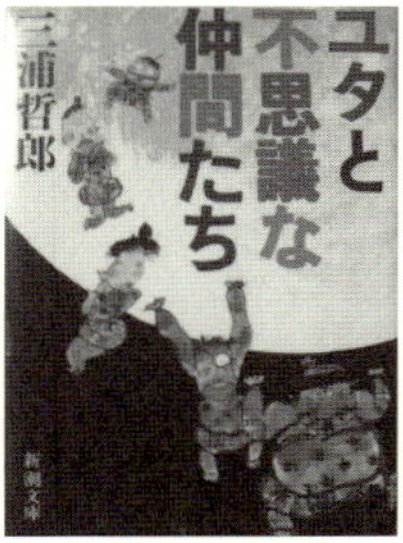

ユタと不思議な仲間たち

いちご同盟

あのころは
フリードリヒがいた

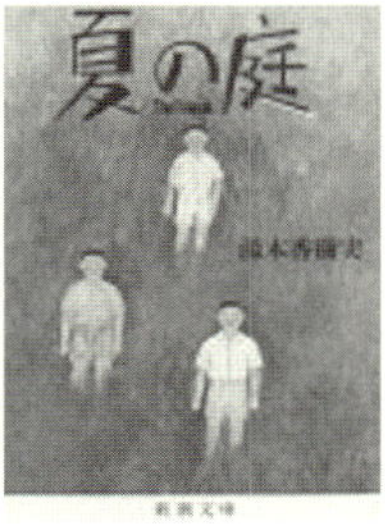

夏の庭

父がしたこと

少年

・『あのころはフリードリヒがいた』（ハンス・ペーター・リヒター，岩波少年文庫）　作戦は35番「その前に何が起きた？」。小説に書かれているさまざまなできごとを思い出して，口答で表現します。

・『父がしたこと』（ニール・シャスターマン，くもん出版）　作戦は34番「彼を弁護します」。登場人物になりきって，その人物がしたこととそのわけを語ります。また，行動や態度について他者からの質問を受けて，弁護しながら答えていきます。

(5)子どもたちの発言いろいろ

①『おじいちゃんの口笛』の時

「この本にプレゼントは出てきますか」というカードの質問に対して，私は事前に字面だけの読み取りをして，おじいちゃんが妻に贈ったスカーフ，子どもたちがおじいちゃんに贈った葉巻，ベッラが贈ったネクタイなどの答えを用意していました。ところが，あるクラスで，「おじいちゃんのお葬式で吹いた口笛」「髭を剃ること」「木登りなどのスリルもプレゼントじゃない？」という発言が出ました。恥ずかしながらこちらがまったく予期していない回答でした。

そういうときはこちらも心が動きますから，思わず最大級のほめ言葉をかけました。本当にびっくりしましたし，また自分の予想の限界を拓いてくれたことに感謝しました。だからといってその次のクラスからそれを引き出そうと無理やり誘導するようなことはしません。発言で出たものをそのまま受け入れます。

②『いちご同盟』の時

この作品のなかでクラシック音楽が大事な要素として出てきます。ベートーベンのピアノソナタ15番が主人公の良一にとっては何の感動もない曲だと書かれています。ところがふとしたきっかけでこの曲に深い感動があると気づくのです。「ソナタ15番というのはいちご同盟のいち・ごと関連しているんだ」という発言がバイオリンを習っていてクラシック音楽が好きなY君から出て、生徒はもちろん私も「なるほど、言われてみればそうかもしれない。うん、そんな気がする」と本当にびっくりしたことがありました。でもこのような発言は3年間でたった1度だけです。この発言でY君は私にとって忘れ得ない生徒になりました。もちろん他のクラスでこの「発見」を引き出そうと、誘導したことはありません。

図3-5　アニマシオンの実践

③作戦と本の組み合わせの失敗例『あのころはフリードリヒがいた』の時

最初『あのころはフリードリヒがいた』を作戦6番「本と私」でやってみました。本について語り合う作戦です。まだ私がアニマドールとして未熟であったこともありますが、一人ひとりに話させると、どの子も声をそろえて「戦争反対」「差別反対」の大合唱なのです。あたかもそれを言っておけばとりあえず大丈夫といった雰囲気になりました。

これでは、せっかくのアニマシオンが深まりません。それで実践仲間に相談しアドバイスをもらって、次のクラスから前述のように作戦35番「その前に何が起きた？」に変えてみました。このことによって細部の描写を思い出して筋を語りながら、本のあちらこちらに言及する時間になりました。作戦の選択によってアニマシオンの内容が大きく変わった例でした。

作戦と本とのマッチングにも試行錯誤があります。これからも現状にとどまることなく改善を続けていこうと思います。

6．「読書へのアニマシオン」の成果はどこで見る？

多くの教育実践の発表で、どのような成果があったかが問題になります。子どもたちの成長を客観的に示すために、発表者は苦労するようです。子どもたちにアンケートを取り、典型的な感想を列挙するというのが一般的なやり方でしょうか。

ものがよく見えていない自己満足では困りますが、子どもたちの内面的な成長の手応えを肌で感じること、それが一番だと私は思います。私自身その手ごたえをいつも感じてきたからこそ、こうして実践を続けているのだといえます。アニマドールは一回一回のアニマシオンのふり返りを必ず行ないましょう。また同時に継続的に長い目で見て、子どもたちがまた次の本を読みたがっているかどうか、そこがアニマシオンがうまくいっているかどうかの判断基準になるといってよいでしょう。

アニマドールが肌で感じる手ごたえに自信をもって、どうぞ実践を進めてください。

鈴木淑博（慶應義塾普通部教諭）

2節　社会と出会う　大人と出会う

1　自伝に出会う中学生

こんなにもすばらしい手ごたえがあるとは、当初は思いもよりませんでした。人間の生き方を探究する月刊誌『致知』（『現代人の伝記』の原文が載っている月刊誌）を読んだときのあふれる感動を、私だけの心のうちにとどめておくことができなくなり、ただそれだけの動機で特別深い考えもなく始めた生徒への「読ませ聞かせ」。

2年後には生徒たちの気持ちがすっかり前向きになり、彼らが私に寄ってくるときにはいつも目を輝かせて前向きな話ばかり。そんな生徒たちの姿に、教師の本当の使命とはこれではなかったのか…と気づかされたのでした。

その手ごたえがあまりにすばらしかったので、次に私が思ったことは、「この感動を全国の中学生や高校生にもわけてあげたい」ということでした。そのためには月刊誌『致知』（致知出版社）の中高生版がほしい…と思うようになりました。そして、ついにその願いがかない『現代人の伝記』（致知出版社、全3巻）という本が生まれたのです（そのいきさつは『現代人の伝記』第一巻の「はじめに　先生方へ」に詳述してありますのでごらんになってください）。

今思っていること…それは次のことです。

「今の子どもたちは生きる希望を持っていない、夢を持っていない」…という言葉を耳にします

現代人の伝記 1

現代人の伝記 2

が、それは当然のことではないでしょうか。希望がわくような大人たちのモデル、夢を抱きたくなるような大人たちのモデルにほとんど出会わないのですから。いや、反対に毎日のニュースで罪を犯した大人たちの話題ばかり見聞きしているのですから。ところが、『現代人の伝記』の授業を受け、生徒たちは、立派に生きている大人たちもたくさんいることを初めて知ったのです。そして、前向きな夢や希望をしだいに抱き始めたのです。

戦後教育界の一つの風潮…つまり、立志伝や偉人伝に対する否定的あるいは消極的態度は、こと現代においては負の教育効果をもたらしている、と言えないでしょうか。〈子どもたちの夢や希望は自然と生まれるものではなく、教え育むものである〉ということをあらためて私は感じています。そして、もう一つ。「どんな本でもよいから、ただ読みさえすればよい」のではないということ。やはり、すばらしい本との出会いがとても大切である、ということです。それは、すばらしい本との出会いによって子どもたちが大きく変わった事実から今つくづく感じているからです。

1．『現代人の伝記』の読ませ聞かせの方法と心構え

では、具体的に『現代人の伝記』の授業をどう行なってきたかをお話しましょう。

第一巻所収の「鍵山秀三郎・凡事徹底」を例にお話しましょう。この箇所は1ページ朗読するのに約2分20秒ほどかかります。全部で15ページですからそのまま読めば35分以上かかります。それ

では一番肝心の「感想を書く時間」が足りませんから、教師は前もって下調べをして省略すべきところを決めておきます。この文章の場合、だいぶ省略しました。

朗読は教師がします。前もってしっかりと練習したうえで朗読します。「声」というものは不思議です。「声」には人の心を揺さぶる力があります。したがって、心がこもった朗読はそれだけで人の心をうちます。教師の真剣な思いが声に乗って生徒に伝わります。朗読の力は侮りがたいものです。ですから、教師も真剣に朗読を練習した上で本番に臨むべきです。その朗読のときに生徒も『現代人の伝記』の活字を一緒に目で追います。黙読するわけです。このように、教師が読み聞かせ、生徒はそれに合わせて黙読する…これを「読ませ聞かせ」といいます。

生徒に感想を書いてもらうときには少なくとも15分は必要です。心積もりでは20分を確保するつもりで行なうとうまくいきます。また、感想を書くときには各自もう一度文章に帰ります。読み返しながら、気持ちを整理することが大切です。そして、感想を書くことを通して、自覚が高まり、認識が深まり、心の根が深くなります。ですから、読みっぱなしにはしないでください。感動した作品であればあるほど、生徒はたくさんの感想を書いてくれます。四〇〇字詰め原稿用紙だけでは足りないこともしばしばです。休み時間にかかっても書き続ける生徒も見られます。

さて、このようにして書かせた生徒の感想を集めて、中から10点ほど選んでおきます。選ぶ観点は、一つの視点からの感想に集中しないように、さまざまな視点が学べるように選びます。時には、日ごろ問題をかかえている生徒が素直な感想を書いていることがありますがそのような場合はそれを優先したりもします。

そして、次の授業のときに選ばれた10点を、教師が落ち着いた雰囲気の中で朗読します。私はこの雰囲気をとても大切にしており、落ち着かない雰囲気のときや午後の給食後の眠い時間帯は極力避けます。また、朗読する私自身の気持ちが乗っているときに行ないます。これはとても大切なことです。朗読する教師の気持ちが乗っていなかったなら、せっかくすばらしい感想を読んでも生徒の心を揺さぶることはできません。

私自身の気持ちがいつでも乗れて、たとえ落ち着かない雰囲気でもすぐに落ち着いた雰囲気にもっていけるようになるには、私自身が日ごろから心の修行をしておく必要があります。あくまで私の場合ですが。私はほぼ毎朝、心を洗い、清新な心で学校に向かうように心がけています（その内容については、『現代人の伝記』の第一巻「はじめに　先生方へ」に簡単に書いておきましたのでご参照ください）。

このようなことを言いますのも、実はこの実践の成功のカギは、それを朗読する教師自身の生き様が大きく影響していると思うからです。たとえば、生徒たちの軽蔑している教師が『現代人の伝記』を朗読してくれたとしたら、血気盛んで他者批判に厳しい生徒たちはどんな反応を示すでしょうか。内容のすばらしさが半減して感じられるのは避けがたいことではないでしょうか。また、伝記に書いてあったそのすばらしい生き方や精神を担任の教師自身も追求しながら生きていればこそ、生徒もたんなる一時的な感動で終わるのではなく、その感動を機に継続的に実践に移していこうという気持ちになれるというものです。「知行合一《ちこうごういつ》」となってはじめて本物です。その意味では、「自分が変われば生徒が変わる」という認識に至って、やっと出発点に立つことができるのです。

「ああ、つくづく教育というものは〈人〉なんだなあ」と思わずにはいられません。それにもかかわらず、自分はまだまだです。そう思うといっそう心の修行に力が入ります。

さて、そのようにして生徒の感想の朗読を重ねていくうちに、しだいにクラスの向上心のトーンは高くなっていきます。日ごろは低俗な文化の会話しかしない仲間が意外に真剣な熱い思いを持っていることを知る……その発見は驚きでもあり、また、密かに熱い思いを隠し持っていた生徒にとっては心強くうれしいものであると思われます。この小さな向上心の少しずつの積み重ねこそが、確実にクラスの意識のトーンを高めていく秘訣ではないかと思われます。㈱イエローハット相談役鍵山秀三郎氏も『現代人の伝記』の中で「平凡な些細なことの積み重ねがやがて大きな実を結ぶ」ということをご自分の人生を通して語っておられます。

次に、「学年通信」や「学級通信」でこれらの感想を時どき紹介します。そのことで、クラスや学年、保護者の意識のトーンを高めていきます。これらの通信を「生徒たちがほめられる場」「生徒たちが栄誉を得る場」にしたときに、その高いレベルを目指して学級集団や学年集団は動き始めるものである……と私は確信しています。そしてまた、その通信ににじみ出る教師の熱くて温かいまなざしを生徒はうれしく感じ取り、教師集団に対してしだいに信頼を寄せ始める……と確信しています。

なお、『現代人の伝記』だけでなくビデオ「プロジェクトX」（NHKソフトウェア）も時どき取り入れて同じように扱ってきました。

私の実践は以上です。このようなことを1年間に6回以上行ないます。まさに「継続は力なり」です。継続するうちにやがて機が熟して、ある日突然変わり始めるのです。信じられないほど変わり始めるのです。しかし、継続しなければ効果は期待できません。また、教師自身も成長していかねば成功しません、とここではっきり言っておかねばなりません。

2．生徒の反応

伝記に対する感動が深ければ深いほど、生徒の感想の量も増えます。原稿用紙1枚では足りない生徒が増えてきます。時間が足りなくて休み時間になっても書き続ける生徒も増えます。そんな時にはいつもの終わりの挨拶はやめて、書き終えた生徒から提出させ、静かに休み時間に入らせます。柔軟性が必要です。

私の実践では、生徒が大きく反応を示し始めたのは1年後あたりからです。1年後のある時、数人の生徒たちが「先生、今日も『現代人の伝記』の授業をしてください」「私たち楽しみにしているんです」「力がわいてくるんです」「勇気を与えられるんです」と言ってきたのです。それを聞いたときは、とりわけこれまでいろいろな問題を起こしてきた生徒たちだっただけに本当にうれしかったです。また、それ以外の生徒で、人生相談で私の元に来る生徒が出てきました（私は当時教務主任をしており、その生徒たちの国語しか担当していなかったのですが）。また、元気のよい男子生徒は、目をきらきらさせて「僕も今毎朝走っています。ようやく早く起きるのに慣れました」といった報告に来たりします（実は、私は現代人の伝記の坂村真民の早起きの行やカール・ヒルティーの早起きの習慣の効用を読んで、毎朝4時に起床するようにしていたのです）。また、別の生徒は「先生、今朝雨が降っていましたが、そんなときには朝の修行はどうしていますか」と聞いて来たりします。私は、「雨の方が修行になるよ。自然の中に身を置く状態で、人間の原点に帰れるような気がする。何事も心次第。先生は雨の中の方がかえって気持ちいい。ただし、後の始末が大事だ。ぬれっぱなしではだめだ。」――その日の放課後、雨にぬれながら外を走っている部活動の集団を目にし、まるでドラマを見ているような感動に襲われたこともあります。打てば響く純粋な子どもたちに、しばしば感動させられたものです。そんな姿を見るとますます襟を正してこの仕事に向き合いたくなるものです。

こんなふうに、私自身が伝記に感動し、生き様を変えることで、伝記に感動した生徒と実践段階での「伴走」が可能になり、そこでまた生徒が大きく成長していったのだと思います。

最後に、中学二年時と三年時にこの授業を受けた生徒たちの卒業間際にとったアンケートから抜粋します。

・いろいろな人の生き方についての話は今後も後輩たちに続けてほしいです。なぜなら、今後の自分にとってすごく役立つと思うからです。自分自身も、あの話のおかげでこれからの光みたいなものが少し見えてきました。
・先生の授業で一番心に残ったことは『現代人の伝記』の授業です。他の先生とは違うことを教えてくださいました。それにどんな時にも僕たち生徒に勇気と希望を与えて下さいました。
・自分がいろいろな人の人生を知って、すごく共感でき、またいろいろなことについて考えさせられました。自分の人生にすごくプラスになったと思います。
・いろいろな人の人生を学ぶことができ、教科書の勉強よりもはるかに勉強になりました。また、考え方を改めさせられました。現在の日本の状態や問題が見えてきたような気がします。家族にも先生の話を広めています。
・さまざまな人の人生を知り、たくさん学ぶことがありました。自分のやりたいことも増えました。後輩にもこの授業を続けてください。

・「プロジェクトX」をみたり『現代人の伝記』を読んだりして社会の仕組みを知ったり他人の人生を知ることができて良かったと思う。多分先生が見せてくれなかったなら、何も知ることなく生きていったと思う。
・先生の人生指導の授業が好きでした。自分が悩んでいた時、先生の話を聞くと「がんばろう」と元気が出てきたし、その話からいろいろ学んだので。
・授業というより道場という感じでした。生き方を教えてもらった気がします。聞いた時、授業では意味がつかめなくても、時どきふっと思い出したりする。そして、ああこういうことなのかもしれないと思ったりする。先生の授業は心に残る、心にしみこむ授業でした。二年間ありがとうございました。

3．道徳の授業に、進路の授業に、『現代人の伝記』を

私は今、中学生には道徳の授業で、また、高校生には進路の授業でこの『現代人の伝記』を読ませ聞かせることを提案しています。

マラソンの名監督小出義雄氏は、アナウンサーから「選手は苦しい練習によく耐えられますね」と質問されてこう答えたといいます。「人間ってのは夢があると何も苦にならないんだよ。まっしぐらに進める」と。『現代人の伝記』は子どもたちに未来への夢を与えてくれる格好の本です。夢や

目標が明確であればあるほど、その夢の実現のためには、日々の生き方や道徳を大切にしなければならないことに気づかされます。『現代人の伝記』を読んでいると必ずそのことに気づきます。また、困難にぶち当たったときの身の処し方も教えてくれます。さらに、この本ではさまざまな職業を通して人生を語り、また、起業のおもしろさも語っていますので、就職することに対する夢や希望がもてるようになります。「よーし、自分も挑んでやろうか」と、気持を奮い立たせてくれる何かをこの本はもっています。

「プロジェクトX」にも取り上げられた、〈神の手〉を持つ心臓外科医須磨久善氏は言います。

こういうふうになりたくないというサンプルはあっても、こうなりたいというものが見つからない限りは、子どもはイライラします。（…中略…）人生もできるだけ早い時期に自分なりの社会人となった時のイメージを描けたなら、こどもたちは閉塞状態に陥らずにすむのではないでしょうか。

（『中等教育資料』２００４年９月号より）

『現代人の伝記』はまさにそのための格好の教材なのです。

夏目研一（公立中学校国語科教諭）

2 著者と中学生をつなぐ学年通信

1. 通信に思いを寄せて

平成11年度に本校に赴任して二年生の学級担任をし，翌年もその生徒たちを受け持つこととなり，学年主任を任されました。学級通信は，自分が教師になった年に何号か発行したものの，以来20年以上出していませんでしたので，前任者の学年通信「若人」を引き継いだ時は，どうつくってよいものやら戸惑いがありました。それでも号を重ねるごとに，人に読まれるものを，喜ばれるものを，と工夫をするようになりました。

私は，本校に赴任する前にある先輩教師から，「出会いのある教室」を創りなさい，とアドバイスされていました。その先生はいろいろ実践してきてみて，人や自然，また本との出会いが子どもに与えるものに勝る教育はないと教えてくださっていました。本好きであり，人との出会いを大切にしようとしている私は，通信を発行するにあたって，ただの連絡や教師にありがちな説諭だけのものにせず，本や人との出会いを子どもに還元し，出会いのすばらしさを体験させたいと思いました。

折しも，中学三年生になった生徒たちの問題行動がエスカレートしたため，通信「若人」には真情を吐露することが多くなりました。なんとかしてこの荒んだ心を穏やかにしたい。そんなことを一心に願い、文字を書いていました。生徒の作文や声もできるだけ取り上げ、私のコメントを添えて載せ、学年の生徒集団の意思を明るいほうへ、和やかなほうへ、人としての成長をうながすほうへと導こうと努めました。

通信を出していて印象に残ることはたくさんありましたが、なかんずく自分が読んだ本の著者との交流を生徒たちに還元していったことが、私と生徒たちの宝物になったと思います。それは学校という狭い世界にとどまらず外の世界の人とふれ合うことで、視野が広がり、心が耕されたり潤されたりしていったということです。

2. 著者とつなぐ

生徒たちが交流を深めた二人の方について、その内容を次に記します。

(1)「人間学」の基礎を学ぶ

百瀬昭次さんのご著書『君たちは偉大だ』、『君たちは受験生』（ともに偕成社）は、中学生にとって人間学の入門ともいえる優れた内容の本です。この2冊の本を集団読書し、百瀬さんと交流したことは、生徒の自尊感情を育て自信と希望をもたせることに大いに役立ちました（詳しくは読者コミュニティネットワーク編、『朝の読書から読書コミュニティを創る』明治図書をご覧下さい）。なお、本校の取り組みは百瀬さんにより「片岡方式」と名づけられ、他校での取り組みのモデルとして広められています。

(2)受験期の生徒たちを勇気づける試み

次に中村諭先生（元宝塚市立高司中学校長）についてです。中村先生は平成15年11月にお亡くなりになりましたが、私が三年生の学年主任として仕事に悩んでいたときにいつも適切にアドバイスをしてくださり、取るべき手立てなどを教えてくださる頼りがいのある先生でした。

先生のご著書に『新米校長奮戦記』（文芸社）があります。この中に「虫眼鏡文字少女　レースクイーンへのびっくり仰天大変身」というご自身の学級通信の文章が掲載されています。これは、虫眼鏡で見なければ見えないほどの小さな字を書いていた消極的な生徒が、先生のはたらきかけで少しずつ自信をもちはじめ、明るくのびのびした生徒に変身していく話です。さらにこの生徒は高校卒業後いろいろな人から好かれる素敵な女性となり、レースクイーンになって大活躍したということでした。

新米校長奮戦記

この話を読んで、受験期の生徒たちにぜひ聞かせたいと思い、さっそく国語の時間に読み聞かせました。文章の中にはこの少女が第一志望校を不合格になって落胆したものの、気持ちの切り換えをして充実した高校生活を送ったことも書かれていましたので、生徒たちにとってその点も参考になると考えました。感想を書いてもらい中村先生のところへ送ると、中村先生は感激して私と生徒宛に、便箋8枚にも渡ってご返信くださいました。さらに文中に登場する女性にも生徒たちの感想文のコピーを届けてくださり、その女性本人からもお礼状が届きました。こうした返信や交流の経過を可能な限り学年通信に掲載することで、生徒たちは、自分たちのしていることに意義を見出すようになります。

学年だより「若人」No．62には、中村先生が生徒名を挙げて手紙にお答えいただいた言葉が掲載されています（103頁図3－6）。これらの言葉は、本人はもちろん、それを読む生徒に気づきと成長をもたらしてくれました。

3．学年通信「凛」

(1)願い

学年通信「若人」で生徒たちを卒業させた翌年の平成13年に私は一年生の学年主任となりました。学年通信は新たなタイトルで始めようと考え、「凛」と定めました。きりっと引き締まった生き方をしてほしい、凛々とみなぎる勇気をもって生き抜いてほしい、そんな願いからの命名で、以降年度が変わっても担当生徒が変わっても学年通信名「凛」は変えずに今日に至っています。

卒業した生徒たちが、学年通信「若人」を通して本と人との出会いを体験し、成長の糧としてくれたという手ごたえがありましたので、新年度の一年生には、はじめから学年通信を積極的に活用していこうと考えました。

(2)学年の特長としたいこと

この学年の特長としたいこととして私は次の二つを掲げました。一つは「朝の読書」です。この学年が本校での「朝の読書」の草分けで、年度を追って実施学年を増やし、3年をかけて全校実施としました。

特長のもう一つは、「出会い」の創出です。具体的には本と人との出会いを念頭に置きました。本の世界へのいざないも一つの「出会い」です。また人との出会いと交流は、生徒の成長に大きく影響することを実感していましたので、重視しました。

この学年の生徒たちとは3年間のつきあいとなり、平成16年3月に卒業するまでこの二つの特長を大事にすることに努めました。ここでは、二つ目の「出会い」について述べたいと思います。

本との出会いは、授業時を中心に本を紹介したり読んで聞かせたりしてその機会をできるだけ作りました。その結果、卒業にあたって多くの生徒が、「先生の授業ではたくさんの本を紹介していただきました。この紹介は、ぜひ後輩たちの授業でも続けてください」とのメッセージを残してくれました。

3年間の人との出会いで特に印象に残った人として、一年次＝作家のハイブロー武蔵さん、二年次＝琵琶奏者久保川華水さん・鈴木優水さん、三年次＝元中学校教師山田暁生先生を挙げたいと思います。百瀬昭次さんは95頁に挙げた2冊の本の集団読書でこの学年の生徒とも交流がありました。

ここでは、ハイブロー武蔵さんと、琵琶奏者久保川華水さん・鈴木優水さんとの出会いや交流について簡単に記しておきます。

ハイブロー武蔵さんは、ご著書『本を読む理由』（総合法令出版）を友人から紹介されたのがきっかけで交流が始まりました。まもなく武蔵さん訳の『ガルシアへの手紙』（エルバート・ハバート、総合法令出版）の一節を生徒に読み、感想を書いてもらってご本人に送りました。武蔵さんは、丁寧なご返信とともに、なんと、『ガルシアへの手紙』を生徒に一冊ずつプレゼントしてくださいました。しかも、一人ひとりに感想文のコメントまでしてくださったのでした。届いた本と直筆のメッセージを配るときには、教室に歓声があがりました。その後、生徒の中には、武蔵さんからいただいた本を枕元に置いて読み返す者や、武蔵さんの他の本を次々と読む者も出てきました。武蔵さんとは、その後講演をしていただくほどに交流を深めました。

本を読む理由

琵琶奏者久保川華水さん・鈴木優水さんについては、本を介しての出会いではありませんでしたが、貴重なものとなりました。一年生の国語の教科書に『平家物語』の「敦盛の最期」が載せられています。お二人には『平家物語』から「冒頭文」「敦盛の最期」「扇の的」などを薩摩琵琶で演奏していただきました。澄んだ音色と独特の謡は、生徒たちを『平家物語』の世界へといざなってくれました。

4．山田暁生先生との交流

(1)メッセージから、詩集・句集『夢』の発行

山田暁生先生は、日刊の学級通信や進路指導に関する実践家として以前から存じてはいましたが、親しく交流していただくようになったのは、ご著書『万策尽きたとあきらめずに』（山田中学生問題研究所）を拝読してからです。

出会いから程なく、私が発行する「凛」を先生にご覧いただくようになりました。そのうちに、先生は、「凛」で取り上げた作文を書いた生徒たち、それぞれに即したコメントなどをくださるようになりました。先生からのお便りやメールなどを、許可を得て「凛」に掲載し、生徒たちのよき学びの機会にしました。

万策尽きたと
あきらめずに

交流が始まってまもなく先生は、「凛」の生徒作品に触発されて、「未来ある子どもたちへのメッセージ」と題する詩を自作され、次つぎと送ってきてくださいました。詩が初めて送られてきたのは、平成

15年10月18日でした。送られてきた詩は、順次「凛」に掲載し、時には生徒に感想を書いてもらって先生に送りました。

詩がNo.25まで届けられたときに書いてもらった生徒の感想を一つ紹介します。

こんにちは。たくさんの詩をありがとうございます。私はいつも、先生の簡単でわかりやすい、けれどとても大切なことを思い出させてくれる詩を楽しみにしています。三年になってからは、何をしていても「受験」のことが頭から離れず、それでいて私は勉強に手がつきません。そんな時、先生の詩を読むとふつふつとやる気が出てきます。今までの詩で一番気に入っているのは、No.5「光」です。

光はみんな持っている　放っている
それをきみは知らないだけだ…
光もいろいろあるんだよ…
きみにもきみだけの光と色がある…

自分に自信がなくなっていて落ち込んでいる時に、この詩を思い出すと、とても励みになります。きっと私だけではなく、そういう人はたくさんいると思います。簡単で当たり前、でもそういうことを忘れている人は多いでしょう。ですから、先生の詩は大好きです。素直でストレートで…。これからも、たくさんのそんな詩を待っています。
（三年二組　O．M．）

卒業を迎えたとき、それまで送られてきた山田先生の詩と生徒たちが3年間書きためてきた俳句とをまとめ、句集・詩集『夢』を発行し、卒業記念としました。

(2)継続した交流

年度が変わり平成16年4月、再び中学一年生が私の担当学年です。通信「凛」に込める願いも、学年の特長としたいことも変えずにスタートしました。

山田先生は、メッセージをこの一年生に継続して送ってくださり、平成16年6月に、100編の詩を送り終え約束を果たされました（山田先生は、100の詩を本校の生徒に送ってくださるとのお約束をされていました）。

先輩が始めたこの交流を、一年生の生徒たちは受け継ぎ、発展させています。個人的に手紙やメールのやりとりをする生徒も現われ、山田先生の子育てのための参考資料に保護者も意見を寄せてくれるようになり、交流はますます深まっています。平成17年2月には、全校生徒と保護者の希望者を対象に講演を行なってくださり、生徒や保護者にとってより親しみのある存在となりました。

学年だより「凛」No.19では、Hという生徒が山田先生にお便りしたことがきっかけで、山田先生がHに感謝の詩を作ってくださったことを知らせました（図3－7）。先生との交流により、子

平成13年2月2日（金）

第3学年　学年だより『若人』No.62

レースクイーン「中田智子さん」の担任だった

中村先生からのお手紙

1月29日（月）、中村　諭先生（兵庫県高司中学校長）からみんなが送った感想文のお返事が届きました。便箋8枚にびっしりと書いてくださっています。皆さん宛に書かれていますので、以下に掲載します。

新井国彦　先生
片岡中学校3年生の皆さんへ

お手紙及び感想文、読ませていただきました。ありがとうございました。

私の本を読んで下さり、特に中田智子さんのところで喜んでいただいた事、とても嬉しいことでした。特に受験を前にしたこの時期でありますので、新井先生のお心配りに感謝いたします。

子供達と私達教師は、毎日会っています。その時間たるや、大変な時間です。でも、本当に出会えているだろうか、という自問をもたねばならないのです。私は中田さんと出会えて、本当によかったと思っています。彼女のがんばりから私が多くの勇気をいただくからですね。

さて、皆さんの感想文、じっくり読ませて頂きました。一人一人にコメントをお返ししたいのですが、ままなりませんので、幾人かの方々に寄せて、皆さんへのお礼にかえたいと存じます。

3年4組の尾崎亜作子さんが、
「大切なことは、自分の使命を自覚し、お互い高めていけることだと思います。一人一人必ず使命をもって生まれてきたのですから…」
と、書いてくれていますね。すばらしいことです。

大阪に天分塾というところがあります。その先生で、鈴木民二という方がおられます。その方の言葉に「天の与えは一人一天分、それは同時に一人一使命を意味している。」とあります。いろんなことを経験してはじめて天分に出会うのではない。ひとつのことに打ち込んではじめて天分と出会う。

また、京都大学の総長だった、もう亡くなられた方の言葉に「すべての人間には、自分自身でも気づかないような、ほとんど無限の可能性が与えられている」とあります。

森信三先生が、それぞれは、人は「天の封書」が与えられている。しかし、その封書は簡単には開かない。何か一生懸命力を注いだ人だけが、天の封書を開けることができる。
とも書かれています。

ウエイン・W・ダイアーという人が、「自分の夢を叶えるために必要なものは、すべて自分の中にある」と語っているそうです。
…これはすべて、鈴木民二先生と寺田一清先生との共著「一人一天分――」からとった話です。尾崎さんが気づいた事実はすごいのです。

3年4組　坂井佳世美さんが
「人に大切なものは自信なんだ」
と気づいた、と書いてくれています。
全くこの通りなんです。小さな自信をつみあげていく。そして一つのことに打ち込んでいく。それらが、自分自身に内在する、未だ自分でも気づかない力、それが湧き出してくるのです。これは絶対なんです。
壁にぶちあたったとき、絶対に逃げないことです。困難は逃げれば追いかけてきます。真っ向勝負すると、困難の方が道をかつし、逃げてくれます。これも絶対なんです。
「勇気と自信と感謝」　人生を切り抜く心の武器です。

1組の茂木春華さんは、
「中田智子さんがひよこで、中村先生がにわとり」と書いてくれています。びっくりしました。啐啄（そったく）の機　（啐啄同時）という意味と全く同じことを言っていますね。びっくりしました。
新井先生、この子に『新米校長奮戦記』のP29〜33、『どっこい！学校は生きている』のP411〜417をコピーして、あげて下さいませんか。

本当にびっくりしました。どの子の文章もキラキラ輝いています。一人一人にお礼を申し上げたいと存じます。皆さん本当にありがとうございました。クラスの皆さんによろしくお伝え下さい。

尚、皆さんの感想文は、本日コピーをお母様のところに送りました。本人にも連絡してあります。本当にありがとうございました。彼女は昨年、マスコミを避け、オーストラリアで結婚式を挙げました。今度は女性として、もっともっと輝いていくと確信しています。では、また皆さんと出会えるといいですね。がんばってください。

> 啐啄（そったく）の機
> 母鳥が卵を温め、雛をかえす時にくちばしで少しの割れ目を卵につけるタイミングのことを言います。
> そのタイミングが早すぎると、未成熟の雛は死んでしまいます。遅すぎても雛だけで殻を破れず死んでしまいます。まさしく外的刺激と内的刺激が一致して誕生となるのです。このタイミングのことを「啐啄の機」、または「啐啄同時」と言います。
> このタイミングのことを考えるとき、子ども達を教育する教師としても、親としても大変示唆にとんだ事柄であることに気づかされます。

中田智子さんと中村先生とのこと…

中村先生が、かつて中2を担任していた時のことです。生徒の中に小さな小さな字を書く、伏し目がちな中田智子さんがいました。何事にも自信のなさそうな子でしたが、中村先生が「心のドア」を少しずつノックし続けたことにより、中学を卒業するころには明るくのびのびとした生徒へと急成長したのでした。

中田さんは、その後、いろいろな人から好かれる素敵な女性となり、レースクイーンとして大活躍してきました。今でも中村先生と、中田智子さんは温かな交流があり、理想的な師弟関係にあります。

中田智子さん

図3-6　中村先生からの手紙を紹介「若人」No.62

高崎市立片岡中学校
第1学年だより
No.19

凜《りん》

平成16年5月25日（火）
〒370-0862　高崎市片岡町1-14-1
℡　027-322-7485　新井　国彦

～出会いは思わぬところから～

右の詩は、おなじみの山田先生が片岡中のみなさんに贈ってくださったものです。

「Hさんから返信が来た」…

Hさんて誰でしょうね？

船津満里奈さんのことですよ。「私の好きな時間」の作文が「凜」に掲載され、それを見た山田先生が船津さんに感想のハガキをくださり、それに船津さんが返信を書いて送ったのです。すると、山田先生はそれを大変喜び、ここに掲載の詩を作ってくださったのです。

人の出会いは不思議ですね。船津さんと山田先生とは実際に会ったこともないのに、言葉を通して親しくなり、交流を楽しんでいます。これは、心ある人に心ある人が呼応するということだと思います。一つの出会いで、一つの詩が生まれる。素敵ですね。

山田先生は、「凜」を通じてみなさんに思いを馳せてくださいます。今春卒業した生徒たちに、No.54まで詩を贈ってくださいました。その後を継いでNo.100まではみなさんに届きます。

もう、No.90までは私の手元にいただいています。少しずつ紹介しますので楽しみにしていてください。

未来ある子どもたちへのメッセージ
NO.88　　　　山田暁生
言葉ってありがたい
まだ会ったことないのに
言葉一つで
心がパッとつながる
言葉って魔法使いだ

Hさんから返信が来た
すぐに来た
「ありがとうございました」
「励まされています」
「気持ちが温かくなって」
「喜びの気持ちでいっぱい」

便りの中に
キラキラと輝く言葉が満載
「この人に便りを出してよかった！」
私の心の温度も
ポッポッポッと上がっていく

言葉って
なんてありがたいんだろう
文字って
なんてありがたいんだろう
これからもいっぱい使おうっと

…「私の好きな時間」シリーズ…

「私の好きな時間」　一年一組　松井聡美
私の一番好きな時間は、睡眠の時間です。理由は、体の疲れがとれる唯一の時間だからです。小学校の時は、下校の時間が中学校より早かったので、あまり疲れていなかったし、「なんで寝なきゃいけないのだろう。」と思っていたけれど、中学生になって部活も始まり疲れることが増えてきたら、どんなにこの時間が大切かが、わかった気がします。

「私の好きな時間」　一年二組　三森亮太
僕の好きな時間、それは運動をしている時間だ。その中でも陸上競技はとても好きで、さらにその中の長距離走は大好きだ。
こんなことを言うと、「おいおい、何であんな疲れることが好きなんだよ」、と思われるかもしれない。でも、僕は長い距離を風を切りながら走ることが、なぜか好きなのだ。

「私の好きな時間」　一年三組　乗附朋美
私の好きな時間、それは、エレクトーンを弾いている時だ。なぜかと言うと、リズムに合わせて弾くということが大好きだからだ。それにエレクトーンだと、いろいろな音を出すことができる。家にはない楽器、たとえばクラリネットやホルン、そんな楽器の音もエレクトーンの中に入っている。弾いていると、とても自分自身が癒されるのだ。

「私の好きな時間」　一年四組　原口悠郁
私の好きな時間は読書をしている時だ。読書をしていると心が落ち着くし、自分の世界が広がっていくような気がして、とてもいい気分になれるからだ。だから片岡中に「朝の読書」の時間があって本当によかったと思っている。これからも、いろいろな本に出会って、自分の心の中の言葉の世界を広げていきたい。

松井さんの睡眠時間の話は、中学生の忙しさを表しています。

三森君のは、走ること、しかも長距離が好きだとのこと。三森君ならではの文章です。

乗附さんは、エレクトーンを弾くことが癒しタイムなのですね。

原口さんの取り上げた「朝読」は、他にも何人も書いていました。

☆むし歯を直そう!!★
1組＝13人　2組＝9人
3組＝10人　4組＝11人
合計43人の未治療者がいます。
1日も早く治療しましょう。

★黒板をきれいにしておこう!!☆
人は毎日見ているものに、心が似てくると言います。きれいな黒板は、授業に行った先生の気持ちもすがすがしくさせてくれます。黒板は、教室環境でもっとも気を使うべきところです。

図3-7　Hさんと山田先生の交流を伝える「凜」No.19

どもたちや保護者は、人の温かさや信頼というものを教わったように思います。

5. 広がる出会い

よき人との出会いは、さらによき人との出会いをつくってくれます。たとえば、山田先生との交流の中でご縁を得た香川県の盲目の文筆家、宮脇欣子さんとの出会いと交流は、生徒たちに、前向きに生きること、勇気をもつこと、逆境でも希望を見出すこと、人とのかかわりを大切にすること、喜びと感謝を忘れないこと、明るい気持ちをもつことなどたくさんのことを教えてくれています。「人の一生は、本と人との出会いで決まる」――これは、ハイブロー武蔵さんがおっしゃっていることですが、私もまったくその通りだと思います。だからこそ、学年の特長として掲げてきましたし、私自身の人生においても最も大切にしていることです。

生徒がより豊かな人生を歩むことを願って、これからも本との出会い、人との出会いを創り出したいと思っています。

新井国彦（群馬県高崎市立片岡中学校教諭）

3節　いのちをみつめる

1　いのちを考えるテーマ学習――「倫理」と「読書」

1．はじめに――思い出す風景――

何年たっても、ある一人の生徒とのやりとりを思い出します。

その生徒は高校三年生のクラスにいました。当時、私は6分から7分程度の読書の時間「7分間読書」から授業を始めるようにしていました。まだ勤務校の高校ではめだった読書指導は行なわれていない時期でしたが、生徒たちは比較的スムーズにそのスタイルになじんでいってくれたように思います。

「変化」は図書館の図書貸出数に現われはじめました。学年のなかで、私が読書をしているクラスだけが他のクラスの2倍、3倍以上の図書貸出数を記録するようになったのです。

すでに本校の曽我部（本書4章1節1執筆）ら2名の両司書が中学生を対象に積極的な読書指導

を展開しはじめていたために、中学校全体の図書貸出数は飛躍的な伸びを記録しており、二人の司書の「読書戦略」は見事な成果をあげていました。

しかし、そのムーブメントは高校へはなかなか波及していきませんでした。そのような中で、私が担当しているクラスだけが突然の変化を見せはじめたのです。司書の二人も不思議がったと言います。

私も「7分間読書」がそのような劇的な成果をあげるとはにわかには信じがたく、何か他に原因となることがあったのではないかと思ったりもしていました。

そんなある日、校舎を出たところのベンチで一心に文庫本を読んでいる一人の高校三年生の生徒の姿が目にとまりました。それから毎日、その生徒は放課後になるとベンチで本を読んでいました。

「ずいぶん、熱心に読んでるね……いい感じだね」

あるとき、私はその生徒に声をかけました。すると、その生徒は「これって先生のおかげなんですよ。先生が授業で本を読む時間をつくったじゃないですか。それからなんですよ。私が本を読むようになったのは……」と言ってくれたのです。

そのひとことで、私はあの図書貸出数の急激な伸びは、やはり「7分間読書」がきっかけとなったのだと思いました。もちろん、「7分間読書」の時間はあくまでも「きっかけ」にすぎません。二人の司書が図書館の受け入れ体制をじょうずにつくってくれていたからこそ、生徒たちは図書館へ足をはこぶようになったのです。

そのささやかな経験から、私は、こちら側のはたらきかけがきちんとしてさえいれば、生徒たちはそれぞれのやり方で応じてくれるのだと思うようになりました。生徒たちが反応をきちんと返さないとしたら、それは生徒ではなくて、指導する教師の側に問題があると考えるようになり、そういった考えを自分の授業の取り組みにも生かしたいと思うようになりました。

2. 生徒たちの「今」と向き合う

(1)高校三年生の特別授業──教室から法廷へ──

高校三年生になると、進学が内定した生徒は特別授業を受けることになります。特別授業は、担当者の考えに基づき、内容はもとより時間や場所にあまりこだわらずに授業を行なうことができます。

私には自分が本当に興味関心をもっているテーマがいくつかありました。それらは、生徒たちが卒業前にどうしても学んでほしいテーマでもありました。

戦争、原爆、差別と迫害。そういった歴史の「負の側面」は、戦後60年を経過してかなりのスピードで遠い過去のものになりつつあります。社会科を担当している私は、教室の授業で生徒に問いかけるたびにそう痛感するようになっていました。

しかしその一方で、修学旅行（当時は九州）で鹿児島県知覧の特攻記念館を見学した生徒たちが、見学を終えてバスに戻ってきてからも、涙を流しつづける姿を目にしていました。その姿は、10年前あるいはそれ以上前の生徒たちと何も変わっていませんでした。学びさえすれば豊かな感性で受け止めることができる生徒たち。しかし、学ぶべきことはどんどん生徒たちから遠のいていく。そんな状況が進行しつつあると感じていました。

特別授業では、できる限り「事実」のもつ重さを実感できるようにと念じながら授業を組み立てました。そんななかで、「現在進行形の事実」でもあり教科書にも載っているオウム真理教の事件を、特別授業の最後に取り上げることはできないかと思いはじめたのです。

社会科の勉強をするときに、いつでも決定的に欠けてしまうのは「当事者感覚」です。その「当事者感覚」を否が応でももたなければならなくなる機会を与える事件、それは、今まさに進行中のオウム真理教の公判であると考えました。そこには、事件を引き起こした被告本人がおり、事件の状況再現があり、その状況を報じるマスコミがいます。進行中の歴史的事実のなかに、一時的にせよ、生徒が身をおくことができるのです。

もちろん希望制にしたのですが、特別授業を選択した10数名のうち、8名の生徒が霞ヶ関の東京地裁前に集まりました。やはり、恐怖感もあったのでしょう。「今朝までどうしようか迷いました」と言う生徒もいました。

そこで生徒たちは、はじめて実際の公判が行なわれている法廷に身をおきました。大勢の警備員が並ぶものものしい雰囲気の中、ジャーナリストの江川紹子さんや報道陣と一緒に法廷へ入りました。手錠をかけられて入廷してくる被告人の中川。そして思いもかけなかったのですが、その日の証人としてよばれたのは「松本智津夫」被告、オウム真理教の「尊師」麻原彰晃だったのです。

(2)高校三年生の特別授業から中学二年生の授業へ

この特別授業の体験は、少なくとも私自身の授業観を大きく変えてくれました。内容、場所、時間にとらわれずに授業を実施したことで、より柔軟な授業観を手に入れることができました。そして、私はこの特別授業の発想を中学の授業にももち込もうと考えました。

特別授業を行なうにあたって、私は生徒の安全確認のために何度もオウム真理教の公判を傍聴しました。そこにいる被告たちは医師であったり、研究者であったり、いわゆる難関大学や大学院の出身の「エリート」層の人たちです。

しかし、その彼らが今、被告席に座っているのです。しかも、殺人者としてです。

その姿を見ながら、私は、彼らの子どもの頃から成人するまでの過程で何が足りなかったのかを考え続けました。そして、それは「倫理」だと思うようになりました。しかも「生きていくための」倫理、「実感や当事者感覚をともなう」倫理ではないかと考えました。

ある被告の手記を読むと、そこには彼の学生時代の「理想」や「倫理観」を見いだすことができます。それは一般的な学生と比較しても，ずっと深く真剣な思索であったことがわかります。ただ，残念なことに，その思索には「現実」を見据える回路が欠けていました。たとえば「教義の理想」と「目の前の人々を殺すという現実」がズレたままで，すべては「教義の理想」に従って犯行が実行されていくのです。

さらに，彼ら被告たちの姿を見つめながら，今の子どもたちに必要な「倫理」をいつ，だれが，どこで教えているのだろうかということも考えさせられました。

そこで，「感性の黄金期」ともいえる中学生たちに，「現実」・「事実」をぶつけながら学んでいく授業をやってみようと決めました。高校や大学では遅すぎると感じたのです。

3．テーマ学習「人はどのようにして試練を乗り越えるのか」

(1)神谷美恵子『生きがいについて』を授業のベースに

中学二年生の授業プログラムを考えはじめた時です。そこで私自身が行き詰まってしまいました。私は今の生徒たちに必要な「倫理」の授業をつくろうとしている。しかし，その私に，はたして教えるための「土台」はあるのかという問題が迫ってきたのです。

これはなんとかしなければ，と思って，手に取ったさまざまな本の中に神谷美恵子さんの『生きがいについて』（みすず書房）がありました。

神谷さんはこの本の中で、「限界状況下にある人間」の「すべてをとり去ったあとに残る人間共通の性質」を掘り下げることが、人間のことを考えるうえで必要だと述べていました。

私はこの神谷さんの人間探求の姿勢が、自分の「倫理」を追求しようとする授業にも適用できると考えました。さまざまな限界状況における人間の姿を生の事実として追求する、これを授業の根本にすえることで、自分たちの日常をも照射できるのではないかと考えたのです。

そして、この姿勢をベースにして授業プログラムを組み立ててみました。プログラムのテーマは「人はどのようにして試練を乗り越えるのか」としました。

1回目の授業は「神谷美恵子『生きがいについて』を読む」というテーマにしました。自分自身、まだ頭の中が整理されていないままだったため（いまでもそういうことがありますが）、しどろもどろの授業ではなかったかと思います。

しかし、授業用の資料プリント（図3－8）とワークシートプリントを配ったこともあってか、生徒たちは意外と神妙に話を聞いてくれました。実は、そのクラスはきちんとした工夫をしないとすぐ騒がしくなるクラスだったのです。

もちろん、「読む」といっても、この本を全部読ませるわけではありません。自分が読んで「ここは」と思ったエピソードをプリントにまとめ、そのプリントを目で追わせながら読み聞かせをしました。この授業では、神谷さんが取り組んだハンセン病のこと、本の中に登場する「ハンセン病患者のハーモニカバンド」と「パール・バック」に関する記述を抜き出して資料プリントを作りました。それらは、実際に私自身が読みながら最も感銘を受けた部分でした。

(2)フランクル『夜と霧』を読む

次に取り上げたのがフランクルでした。フランクルは将来を嘱望された精神科医であったわけですが、ユダヤ人であるがために強制収容所に入れられ、研究論文もろともすべてを失いながら、収容所の解放まで生き抜いた人物です。

そして、彼が自分自身の収容所での体験を書き残したのが『夜と霧』(みすず書房)です。これも『生きがいについて』と同様にまさしく「限界状況」の人間の姿を記録した本です。

方法は『生きがいについて』と同じく、資料をプリント(図3-9)に沿って読み聞かせをしました。そのうえで、ワークシートを使って、グループごとに作業をさせ各自に記入をさせました。

ワークシートには、「あなたがもし、この本に描かれている状況にある人々に声をかけるとしたら、何と声をかけますか?」という設問を設けました。この設問は私自身にとってもむずかしい設問だと思いましたが、生徒の一人は次のように書きました。

うまいことが言えないのは、人間としてまだ成長していないからかもしれない。もっと成長すれば何かいい言葉が出てくるかもしれない。けれど、今の私には言葉が出てきません。相手

テーマ学習「人はどのようにして試練を乗り越えるのか」の１

神谷美恵子「生きがいについて」を読む

・神谷美恵子（かみや・みえこ　1914-1979）

1914 年　岡山市に生まれる 父は終戦直後東久邇宮内閣文部大臣をつとめた前田多門。
1935 年　津田英学塾卒、コロンビア大学に留学。
1944 年　東京女子医専卒　東京大学医学部精神科　大阪大学医学部精神科勤務をへて、
1960 年　神戸女学院大学教授
1958-72 年 長島愛生園精神科勤務
1963-76 年 津田塾大学教授　医学博士
1979 年 10 月 22 日歿

•神谷宣郎氏 1999 年 1 月 10 日に逝去。（翌 11 日付『朝日新聞』神奈川版）
（Copyright（c）Virginia Woolf Web 1997-99　http://orlando.jp.org/VWW/kamiya.html）

（http://www.pcs.ne.jp/~yu/ticket/kamiya/kamiya.html#）

<授業>

1，「らい」とは何か？

2，「人間が、どうしても逃れえない力の重圧のもとにあえぐような、ぎりぎりの状況をヤスパースは限界状況と呼んだ。」p.94
↓
あなたが考える現代の「限界状況」は？

3，らい患者のハーモニカ楽団についての文章を読む

4，神谷美恵子さんの詩「らい者に」を読む

5，母としてのパール・バックの文章を読む

癩者（らいしゃ）に

光うしないたる眼（まなこ）うつろに
肢（あし）うしないたる体（からだ）になわれて
診察台の上にどさりとのせられた癩者よ
私はあなたの前に首（こうべ）をたれる。

あなたは黙っている
かすかに微笑（ほほえ）んでさえいる
ああ　しかし　その沈黙は　微笑は
長い戦いの後にかちとられたものだ。

運命とすれすれに生きているあなたよ
のがれようとて放さぬその鉄の手に
朝も昼も夜もつかまえられて
十年、二十年と生きて来たあなたよ

なぜ私たちでなくてあなたが？
あなたは代って下さったのだ
代って人としてあらゆるものを奪われ
地獄の責苦を悩みぬいて下さったのだ。

ゆるして下さい、癩のひとよ
浅く、かろく、生の海の面に浮かびただよい
そこはかとなく　神だの霊魂だのと
きこえよき言葉あやつる私たちを。

心に叫んで首をたれれば
あなたはただ黙っている
そしていたましくも歪められた面に
かすかな微笑みさえ浮かべている。

神谷美恵子　著作集　9　「遍歴」　みすず書房

ハンセン病問題に関する決議
衆議院は 2001 年 6 月 7 日、参議院は翌 8 日に、国会の責任を認める国会決議をしました。
　去る 5 月 11 日の熊本地方裁判所におけるハンセン病国家賠償請求訴訟判決について、政府は控訴しないことを決定した。本院は永年にわたり採られていたハンセン病患者に対する隔離政策により、多くの患者、元患者が人権上の制限、差別等により受けた苦痛と苦難に対し、深く反省し謝罪の意を表明するとともに、多くの苦しみと無念の中で亡くなられた方々に哀悼の誠を捧げるものである。
　さらに、立法府の責任については、昭和 60 年の最高裁判所の判決を理解しつつ、ハンセン病問題の早期かつ全面的な解決を図るため、我々は、今回の判決を厳粛に受け止め、隔離政策の継続を許してきた責任を認め、このような不幸を二度と繰り返さないよう、すみやかに患者、元患者に対する名誉回復と救済等の立法措置を講ずることをここに決意する。
　政府においても、患者、元患者、の方々の今後の生活の安定、ならびにこれまで被った苦痛と苦難に対し、早期かつ全面的な解決を図るよう万全を期するべきである。

神谷美恵子は名家の出身で、幼少をお父さんの仕事からフランスやスイスで過ごした。帰国後、成城学園を経たあと、津田塾女子大に入学し、津田塾時代にご奉仕として、らい療養所の多摩全生園に賛美歌のオルガンを弾きに行った。そこで初めて、癩病の人と会い生涯を癩病の人たちのために尽くそうと決心し、津田塾女子大を卒業したあとアメリカに留学し、その後東京女子医大に入りなおして医学を修めた。医者になる前年に岡山の日本一の癩療養所愛生園にいってこの感動的な詩を作った。神谷美恵子はそれからの一生を癩患者に捧げた。神谷美恵子は、大変幅広い教養を持ち、皇后陛下美智子妃殿下の良きお話し相手でもあった。

図3-8　神谷美恵子「生きがいについて」を読む　授業資料

テーマ学習「人はどのようにして試練を乗り越えるのか」の４

フランクル「夜と霧」を読む

1994 年

< 1997 年 9 月 4 日の新聞記事>
ビクトル・フランクル氏（精神科医、「夜と霧」の著者）
　ビクトル・フランクル研究所が 3 日発表したところによると、心臓病のため 2 日、ウィーン市内の自宅で死去。92 歳。
　1905 年、ウィーン生まれ。ウィーン大医学部に学び、精神分析学のフロイトらに師事。ユダヤ人だったため、ナチス・ドイツによるオーストリア併合から第二次世界大戦の終戦まで、アウシュビッツ強制収容所などに入れられた。その体験を描いた著書「夜と霧」（47 年）が世界的な反響を呼んだ。 55 年にウィーン大教授に就任、精神分析学に実存主義を取り入れた人格的心理療法「ロゴセラピー」を創始したことで知られる。著書に「死と愛」「精神医学的人間像」など多数がある。（共同）

1940 年ロスチャイルド病院で

1940 年

1941 年結婚

1981 年妻・娘・孫たちと

【夜と霧】（原題）「強制収容所における一心理学者の体験」1947 年版・1977 年版

<フランクルは「夜と霧」で何を書こうとしたのか>

　これは事実の報告ではない。体験記だ。ここに語られるのは、何百万人が何百万通りに味わった経験、生身の体験者の立場にたって「内側から見た」強制収容所である。だから、壮大な地獄絵図は描かれない。それはこれまでにも（とうてい信じられないとされながらも）いくたびとなく描かれてきた。そうではなく、わたしはおびただしい小さな苦しみを描写しようと思う。強制収容所の日常はごくふつうの被収容者の魂にどのように映ったかを問おうと思うのだ。

<帰ってこれた人たち>

　収容所暮らしが何年も続き、あちこちたらい回しにされたあげく 1 ダースもの収容所で過ごしてきた被収容所者はおおむね、生存競争の中で良心を失い、暴力も仲間から物を盗むことも平気になってしまっていた。そういう者だけが命をつなぐことが出来たのだ。何千もの幸運な偶然によって、あるいは神の奇跡によってと言ってもいいが、とにかく生きて 帰ったわたしたちは、みなそのことを知っている。わたしたちはためらわずに言うことが出来る。いい人は帰ってこなかった、と。

<強制収容所で体験された３つの段階>

・第一の段階＝「収容ショック」

シャワーを待っているあいだにも、わたしたちは自分が身ぐるみ剥《は》がれたことを思い知った。今や（毛髪もない）この裸の体以外、まさに何ひとつ持っていない。文字通り裸の存在以外何者も所有していないのだ。これまでの人生との目に見える絆など、まだ残っているだろうか

・第２の段階＝「感情の消滅《しょうめつ》」

感情の消滅は、精神にとって必要不可欠《ひつようふかけつ》な自己保存《じこほぞん》メカニズムだった。すべての努力、そしそれにともなうすべての感情生活は、たったひとつの課題に集中した。つまり、ただひたす生命を、自分の生命を、そして仲間の生命を維持することに。

・第３の段階＝「開放の段階」　精神の弛緩《しかん》→精神の危機

「なあ、ちょっと聞くけど、きょうはうれしかったか？」
すると聞かれたほうはばつが悪そうに、というのは、みんなが同じように感じているとは知ないからだが、答える。
「はっきり言って、うれしいというのではなかったんだよね」
わたしたちは、まさにうれしいとはどういうことか、忘れていた。それは、もう一度学びなさなければならない何かになってしまっていた。

<悲惨な状況、にもかかわらず‥>

強制収容所にいたことのある者なら、点呼場や居住棟のあいだで、通りすがりに思いやりのる言葉をかけ、なけなしのパンを譲っていた人々について、いくらでも語れるのではないだうか。そんな人は、たとえほんのひと握りだったにせよ、人は強制収容所に人間をぶちこんすべてを奪うことができるが、たったひとつ、あたえられた環境でいかにふるまうかという人間としての最後の自由だけは奪えない（中略）
人間はひとりひとり、このような状況にあってもなお、収容所に入れられた自分がどのような　精神的存在になるかについて、なんらかの決断を下せるのだ。典型的な「被収容者」になるか、あるいは収容所にいてもなお人間として踏みとどまり、おのれの尊厳を守る人間になるかは、自分自身が決めることなのだ。

わたしたちは、おそらくこれまでどの時代の人間も知らなかった「人間」を知った。では、この人間とはなにものか。人間とは、人間とはなにかをつねに決定する存在だ。人間とはガス室を発明した存在だ。しかし同時に、ガス室に入っても毅然として祈りのことばを口にする存在でもあるのだ。

Forms stolen from the office of the Dachau camp; on the reverse side Frankl's notes to reconstruct the manuscript of "The Doctor and the Soul", 1945 ➡

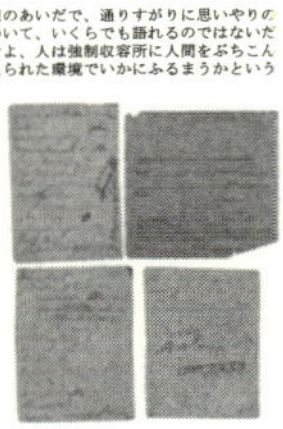

図3-9　フランクル「夜と霧」を読む　授業資料

を立ち直らせることはできないと思う。もし、今、そういう人に会ったら立ちつくして、逆に私が泣いてしまいそうです。（…略…）

先生へ　授業中にこのことをみんなと一緒に考えていて、本当に想像してみたら泣きたくなりました。泣きたいというより涙が出てくるといったほうがいいかもしれません。それでも考えなければいけないんですよね。今やっていることはすごくすごくやってよいことだと思います。絶対やってよかったって思います。

この生徒の文章を読んで、「力」のある本は、文章の一部分だけであっても生徒にその世界を実感させ、心を揺さぶるものだと思いました。同時に、これらの本はどちらかといえば、大学生レベルで読むものというイメージをもっていたのですが、それは勝手な思い込みにすぎず、むしろ、中学生は中学生でなければできない読み方をするのだと感じました。

(3) 生徒はどのように授業を受け入れたか

ここでは、テーマ学習の最初の教材となった神谷さんとフランクルの本だけを取り上げましたが、これらの授業を通じて生徒たちの授業を受ける姿勢は決まったと思います。プログラムをすべて終えてから生徒たちに書いてもらったレポートがあります。最後に、その一つを紹介します。

今日も元気に歩く事ができて、食べる事ができて、寝る事ができて、話す事ができて…健康で何よりです。と、改めて思えるようになったのが、医師の船戸先生の話を聞いてからです。そして、このテーマについて考えている時、唯一、素直な人間になれている時だと感じます。今回のテーマ、「人はどのように試練をのりこえるか」では、今までにないくらい、考えさせられるものがありました。途中泣いたり、笑ったり、怒りを感じたり…と、ここまで感情が豊かになったのも初めてで、このテーマの影響の大きさに、自分でも驚いています。（…中略…）たとえ、試練があっても、障害という試練があっても、人より重い試練があっても、〝希望を捨てないで、夢に向かって進む〟という事が一番大切だと思います。今回のテーマでは、他にも裁判所に行ったり、教会に行ったり…と、色々な立場からの「試練ののりこえ方」を考える事ができた気がします。今日からまた、今を生きている人間として、私自身もどんな試練が待ち受けていたとしても、希望をもつことを忘れず、一つ一つ乗り越えていきたいと思います。

金子　暁（順心女子学園中学校・高等学校教諭）

＊テーマ学習「人はどのようにして試練を乗り越えるのか」の全体像についてはＣＡＬ（最先端学習センター）編　２００５「私学の挑戦――Ｔｈｅ　授業――Ｖｏｌ．３」（銀の鈴社）でも報告させていただいております。

2 いのちの授業と読書を考える

1. いのちのうたいびと

いのちが一番大切だと　思っていたころ　生きるのが　苦しかった
いのちより大切なものが　あると知った日　生きているのが　嬉しかった
（『鈴の鳴る道―花の詩画集』星野富弘著、偕成社、１９８６）

星野富弘さんの「いのち」という詩です。この詩を読むと、私は一人の青年を思い出します。「僕たちの病気は、徐々に進行していきます。だからこそ、今やりたいことを見つけて、それを精一杯やっていきましょう」というメッセージを在校生たちに残して、柏崎養護学校高等部（高校に該当）を卒業していった高橋翼さんという19歳の若者です。彼は、進行性筋ジストロフィーという筋肉が萎縮し機能を失っていく病気で、国立病院機構新潟病院に入院しながら、隣接する柏崎養護学校で学んでいました。卒業後は、家族が暮らす新発田市の実家に戻り、自宅で療養しながら、みずからの夢に向かって生活をしています。高橋翼さんの夢、それは、「いのちのうたいびと」として、命のメッセージを届けられるシンガーソングライターになることです。現在、彼は新潟県内の小・中・高校で、コンサートと講演会活動を行なっています。また、コンサートを通じて知り合った友人たちの力を借りながら、新潟駅前の路上でもライブ活動を続けています。

2.「ために」ではなく「ともに」

２００３年、私は9年間勤務した柏崎常盤高校からこの高橋君が在籍していた柏崎養護学校に異動しました。高校から養護学校へと、今までとはまったく異なる環境にわが身をおくことになりました。日々、学校生活のさまざまな場面で「いのち」や「障碍」を考えさせられています。

赴任したとき、生徒たちは電動車椅子に乗り、私を出迎えてくれました。明るく話しかけてくれる彼らにどう接したらよいか戸惑いました。「筋ジストロフィー」という病気や症状は、知識としては知っていましたが、その生徒たちと話したのは初めてです。生徒たちと話しながら、何を教えればよいのか、今まで高校で行なっていた授業ができるのか、不安になりました。高校では「政治経済」を教え、大学受験を意識しながら授業をしていました。その意味では、知識を効率よく伝え、生徒が興味をもてるように授業を展開していけば、授業は成り立ちます。しかし、筋ジストロフィー患者である春山満さんのことばを借りれば、そのような授業は、「限られた命のなかで学ぶ」

（『もう一度この手で、抱きしめたい』、春山満、幻冬舎）彼らにとって意味がないような気がしました。ならば、何を教えるか、伝えるか。あらためて授業のあり方を再構築する必要性を感じました。授業を考え直すきっかけになったのが、『「生と死の教育」の実践』（古田晴彦、清水書院）でした。この本との出会いにより「いのち」を手がかりに、授業をつくっていくことができないものかと考えるようになりました。

そのような時期、上越教育大学において「学校で生と死は教えられるか」というテーマで行なわれた京都大学教授カール・ベッカー先生の講演に行きました。「障碍児を産み育てられるか」、「病名・余命の告知を受け入れられるか」、「自分の生涯をどう評価して死ぬことができるか」といった問題提起は、私の心に深く入ってきました。講演後、私は難病を抱えた生徒の「生と死の教育」について、ベッカー先生に尋ねました。「彼らに何かを教えるのではなく、誕生、成長そして病気や死と、早くから向き合わざるを得ない彼らの〈声〉に耳を傾けることです。彼らの〈言葉〉から教えられることが必ずあります。彼らの言葉を〈聴く〉ことができるような関係を築き、教えるのではなく、学ぶことです」という助言をいただきました。ベッカー先生のお話しを聴き、背負っていた重荷が軽くなったように感じられました。それは、「教えなければならない」という焦りにも似た義務感からの解放でした。彼らの声から学び、「生きる」ことをともに考えていけばよいのだ、と気づかされました。生徒の「ために」教えるではなく、生徒と「ともに」生きることを学ぶ大切さを教えていただきました。

　難病の生徒たちは、どれほどつらくてもみずからの「病い」や「死」を見つめなければならない状況におかれています。「生病死」を彼らは、十代で考えなければなりません。ふつうの生活を送っている高校生や若者たちが、考えることはまずないことです。苦しみからは、だれでも逃れたいものです。できれば避けたい。特に「死」は、その最たるものです。しかし、時に人はその苦しみを乗り越え、逆に成長することさえあります。そこに「人間の尊厳」があるのだと思います。

　彼らには、病気というきびしい現実があります。それでも病気にくじけず生きていかなければなりません。そのためには彼らの中に自己を支えていく何かが必要です。苦しみの中から見えてくるものです。それは生徒それぞれに違うと思うのですが、「高橋翼」という生徒を傍らで見ていて、そのことを実感しました。彼は、みずからの病気と向き合い、その気持ちを講演会でも語っています。

もう一度この手で、
抱きしめたい

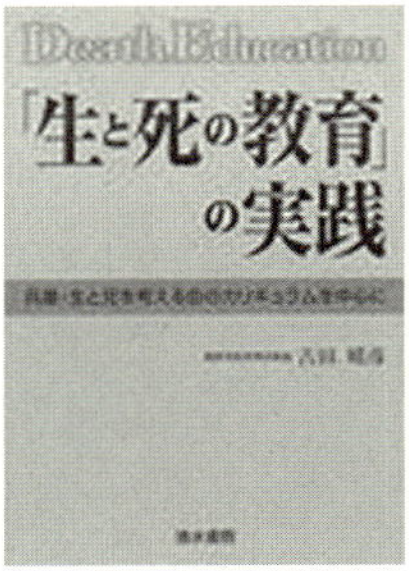

「生と死の教育」の実践

「今までたくさんの死を見てきました。僕自身も『死』が隣り合わせにあり、怖いです。それでも生きている今、命を輝かせ、努力を重ねて夢の実現に向けて僕は挑戦していきます」と。きびしい状況にあっても、歌を支えに、希望を失わずに生きようとする彼の強い意志を感じ取ることができます。

3. いのちの授業

私にとって「いのちの授業」とは、「生きる」ことを生徒とともに考えていくことです。とてもむずかしい問題で、その問いかけに私自身答えることはできません。一生をかけて、答を見出していく問題かと思います。だからこそ、私は生徒と一緒に考えていきたいと思っています。その考えるきっかけや気づきを得るために、さまざまな絵本、詩集、本を使いながら授業をしています。

また、日頃病棟で生活している高等部の生徒たちは、病気や障碍のため、外出も介助なしではできません。そのため、どうしても人とのつながりや体験が限られてしまいがちです。本を読むことで、彼らの世界を広げることができればと考えました。

第7回読書コミュニティフォーラム全国大会（2004年8月開催）で、『現代人の伝記』（致知出版）を教材に「読ませ聞かせ」を行なう夏目研一さんの授業実践の発表を聴きました。そこで夏目さんの手法を参考にして、文章を丸ごと「読ませる、聞かせる」というスタイルで文章を読み進み、その背景を語ったり解説を加えたり、時には自分の思いを語りかけながら、その人の生き方や考え方を考えるというかたちで授業を展開できるようになりました。

それ以前にも、絵本を使いながら生徒みずからが「いのち」を見つめるような授業ができないものかと考え、絵本の読み聞かせをしていました。しかし、「彼らの心にどこまで踏み込んでよいかわからない」という私自身の気持ちの揺らぎが生徒にも伝わり、あまりよい反応が得られませんでした。そのような試行錯誤をくり返している日々の中で、ベッカー先生の話や夏目さんの実践が、絵本や本を使っての「いのちの授業」に結びついたのです。

絵本では、次のようなものを利用しています。「気づき」の大切さを教えてくれる『だれもしらない』（灰谷健次郎、あかね書房）、“I have a dream.”のことばで有名な『キング牧師の力づよいことば』（ドリーン・ラパポート、国土社）、たくさんの勇気を伝えてくれる『勇気』（バーナード・ウェーバー、ユーリーグ）、生きることの切なさを描いた『おとなになれなかった弟たちに…』（米倉斉加年、偕成社）、学ぶことの意味を教えてくれる『アジアのこころ』（葉祥明、自由国民社）などです。このような「生きる」ことの意味を考えるようなテーマのものを選び、授業中の15～20分ぐらいを使い、「読み聞かせ」をしています。

また本では、苦しむ人や見捨てられている人に寄り添い、愛の大切さを語る『マザー・テレサ―かぎりない愛の奉仕』（沖守弘、くもん出版）、不慮の事故で手足の自由を失いながら、筆を口にくわえ『花の詩画集』を描いている星野富弘さんの自伝『かぎりなくやさしい花々』（偕成社）、さまざまな人たちの生きかたを語った『「人生の答」の出し方』（柳田邦男、新潮社）、極限状況下で生きる意味を問う『夜と霧』（V．E．フランクル、みすず書房）などを使いました。

授業は、次のように展開しています。

星野富弘さんの『かぎりなくやさしい花々』を私が声を出してゆっくりと読み聞かせをします。同時に生徒たちは、同じ箇所を黙読していきます。ところどころ、解説を入れたりします。1時間では朗読できないので、何回かに時間を分けます。この本の場合は、3時間を使い全文を読みました。そして最後に『《花の詩画集》鈴の鳴る道「いのち」』の絵や詩をじっくり鑑賞します。生徒は「時間の経つのを忘れた」というぐらい集中し、聞いて読んでいました。頁をめくることがむずか

だれもしらない

マザー・テレサ
かぎりない愛の奉仕

かぎりなくやさしい
花々

しい生徒は「こんな厚い本を初めて読んだ」とも話していました。手の不自由さもあり、日頃読書の機会が少ない生徒たちです。「聞きながら読んでいると、理解できる」「ふだん本を読まないので、本が読めてよかった」と言います。読後に、感想や印象に残ったところを書いてもらいます。

以下は、生徒の感想です。

自分の写真撮影の活動と重ね合わせて読んでいました。星野さんと同じけがを体験したら、僕には絵や詩を書く気力はなかったと思います。以前に先生が話していた「人生に何かを期待しても意味はない。自分で人生に意味を見いだす」という言葉を考えながら読んでいると、星野さんも人生に意味を見いだしたのだと思いました。

彼は以前に行なった『夜と霧』を扱った授業ではフランクルの言葉を「意識」し、彼自身の力で、フランクルの言葉と星野富弘さんの生き方を結びつけて考えていました。星野さんが、人生を「問われた者」として生きていることを、彼は本から学んでいます。そのことをいかに「自分自身のこと」としてとらえ、生きていくかを問いかけます。

しかし、あと一歩踏み込んで、病気を抱えた自分の思いや気持ちを正直に書くというところまでには至りません。そこまで書いたり話したりすることが、いかにきびしいものであるかは、彼らと接していて感じます。冒頭で紹介した高橋さんのように、在学中に自分の病気を他者に語れる生徒はごく稀です。彼もそこに至るまでには長い時間、苦しみや葛藤がありました。十代の若者が病気を「受容」するのは、つくづくむずかしいと思います。

夕暮れ時の病棟、生徒たちは思い思いに時を過ごします。そこに立ち寄ったときのことです。生徒たちが集まってきて、たわいもない話になり、偶然「高校放送コンクール」に出品する番組づくりの話になりました。「生きる喜びを描きたい」と、一人の生徒がポツリと言いました。彼の「こころの声」にふれた思いでした。その言葉をきっかけに他の生徒たちも、みずからの障碍について語り出したのです。自分の障碍を語ったからといって、現実が変わるわけではありません。しかし、彼らの心の中の何かが変わったと思いました。そのときの彼らの表情は、とても穏やかに感じられました。心の一端をみんなで話し合えたからではないでしょうか。みずからの障碍を語ることは、病気を受け容れていく一歩ではないかという気がします。

読書は、「種を蒔く」ことだと私は考えています。その種が実を結ぶには、成長を待つ時間が必要です。読書も同じだと思います。本を読むことで、励まされ、勇気づけられます。それがすぐに思考や行動に結びつかなくとも、時間を経る中で、本人の生きる力になり得ると信じています。一冊の本を通じて、生徒と時間をともに過ごし、世界を共有し、関係を築くことができればと考えています。関係を築くためのひとつの手だてとして、私は「本」を用いているのです。どの高校生にも読んでもらいたい絵本や本というよりも、養護学校で学ぶ高校生たちの状況や気持ちに添って、彼らの心に響き、共感できるような絵本や本を選定しています。そこには、私からの励ましと思いを込めたメッセージが含まれています。

私は前任校で、登山部の顧問をしていました。登山部の生徒たちは、山での体験や仲間たちとのつながりを通して、内面や行動が着実に成長していきます。それはなぜでしょうか。山が鍛えてくれるからです。山の技術にとどまらず、支え合うことの大切さも学んでいきます。私は彼らとともに登るだけです。それでも彼らは変わっていきます。読書も同じようなはたらきをするのではないだろうかと考えています。本を読むことで、著者と対話し、時には自己とも対話を重ねながら、しだいに成長していく。読書には、世界を広げるだけでなく、人を育て変えていく力があると思います。

そんな期待を込めて、前任校では2000年から、「朝の読書」を新潟県内の高校では初めて全校一斉にスタートさせました。「本を読む習慣ができた」「朝から集中できる」と、予想以上に生徒には好評でした。「朝の読書」は高校生の読書離れに、確実に歯止めをかけることができると思います。しかし、「読むだけ」では、登山部の生徒たちが山を通じてみずから成長していったように、内面や行動の変化まで起こさせることは、むずかしいようでした。それは、読書の量は増えても、読書の質が深まらないからです。楽しむ読書から、自己形成につながるような読書に発展させていくためには、教師が意識的にはたらきかけをしたり、本に対する熱い思いを伝える必要があります。また、「読書」を通じてのコミュニケーションづくりも、期待したようには容易ではありませんでした。全校一斉に「朝の読書」を実施しても、読書自体は個人的な行為であり、日常的に本の話題を生徒同士で語り合うなどの、生徒たちのつながり合いにはなかなか結びつきません。それでも、朝の読書を始めてから、授業などで本の紹介をすると、生徒たちはその本を読んでくれ、教室の中で、紹介した本が読み回されることがたびたびありました。

今日の高校生にとって、読書は「ケータイ」や「メール」のように身近なものではありません。教師のはたらきかけがないと、多くの高校生は日常的に本を読むことはないでしょう。「朝の読書」や「読み聞かせ」「読ませ聞かせ」など本と接する機会を増やし、「本を読む」ことの楽しさや大切さを実感させる意図的な手だてがいると思います。さらに、本を読むことで、苦難を乗り越える力にもなることを伝えることができれば、と考えています。

一方的に何かを教えるのではなく、謙虚に彼らの声に耳を傾ける――そこから私自身が学び、ともに生きること、語り合うことの大切さを感じます。私の授業も、生徒の気持ちに寄り添いながら、少しでも生きる支えになれたら……そのための「いのちの授業」であり、「読書」だと考えています。そしてそれが、本当の「学び」につながっていくのだと思います。

和田忠篤（新潟県立柏崎養護学校高等部教諭）

4節　7つの実践を通して

1 「みずから」読みたくなるための「おのずから」の出会いを作る

本章では、学校、中でも担当している学級や授業において、生徒たちと本との出会いを創り出されてこられた先生たちの姿と、それに呼応し本と出会い読書の楽しみを見出した生徒たちの姿が描かれています。本との継続的出会いを作ることに心を砕く先生方の工夫しだいで、生徒たちが動き出し、みずからと向き合いテキストと対話し、読者として相互にかかわり合う確かな姿をこの章のおのおのの実践報告から読み取ることができます。

『「本を読む」という動詞に命令形はない」』とは『奔放の読書――本嫌いのための新読書術』（藤原書店）の著者であるダニエル・ペナックの言葉です（1993）。「読書は強制すべきものではない」という言葉は本章松山実践の文中にもあるように、よく使われる言葉です。ですから、本を準備してあとは自由にしておいたままでよいのかという問いに対し、1章の中でも述べましたように読み手として育つための手立てを準備することが必要であり、もれなくすべての生徒になんらかの契機をというために、工夫された実践を通して確かな手立てを本章の先生方は示しておられるように思います。

「強制すべきではない」という言葉は、「自発的にするもの」「みずからするもの」としてとらえられ、生徒個々人が行動を始発する「自発性」と直結して考えられがちです。しかし、活字に出会う読書の入り口においては、本を読むきっかけを自分で作るよう任せておくだけの「始発性」を意味する自発性よりも、教師の導き、誘いによって「読み通す、読み込む、作品と自己内対話する過程」にかかわる「主体性」が発揮される場を、学級や授業できちんと一つずつ作り出すことの方が、現在の一見読書とは距離があるように見える中高校生が読書する入口としては重要であることが示唆されています。自発性が生まれるために、その前におのずから読みたくなってしまう出会いや環境をどのように作り出すかが問われています。

「意外にはまって、いつか気がついたら夢中で読んでるようになりました。」（松山実践）、「聞いているとなんだか引き込まれてつい聞き入ってしまうのです」（宮本実践）、「心にしみこむ授業でした」（夏目実践）、「先生が授業で本を読む時間を作ったじゃないですか。それからなんですよ。私が本を読むようになったのは」（金子実践）、「時間の経つのを忘れた」（和田実践）など、生徒の口から自然に出た言葉一つひとつの中に、この姿が現われています。といってもそのおのずからを作り出すには、2章で述べたように専門家としての知恵が必要になります。7つの実践に共通して現われた特徴を、ここでは考えてみたいと思います。

2　共振する実践の特徴

1．帯によるしっとり・ゆっくり・じんわり実践

2章2節で「時間のデザイン」として述べたように、松山さんの実践では朝の読書3年間の継続、宮本さんの国語授業での朗読劇場も3年間の継続、鈴木さんの実践では週1回のアニマシオンを年間実施、夏目さんの現代人の伝記の読ませ聞かせでは3年間継続、新井さんの実践では3年間の学級通信と山田先生ら著者との長期的交流、金子さんの実践でも7分間読書と倫理を主題とする長期的プロジェクト活動、和田さんの実践ではいのちにかかわる本を読みついでいく実践など、長い目をもった継続的活動が実っていく過程がおのおのに報告されています。そしてこれらの実践は国語科の教師の手で行なわれたものだけではないことも重要でしょう。

本を読むことは一朝一夕で身につくものではなく、即効性や計量できる効果のみで説明できるものでもないからこそ、読書へ向かうリズムを生徒の姿勢の中に作り出すには「帯単元」や「帯時間」という言葉で表わされる「持続・継続可能性（サステナビリティ：sustainability）」が、実践を行な

う要件としての中核をなすといえます。日常生活の「褻の場」の小さな隙間時間での実践です。朝の読書はまさにその隙間の意味を明らかにしたものといえますが、その実践だけではないこともよくわかります。その時間は50分を単位とし目的を明確にする授業時間とは異なるリズムをもった時間の流れであることがわかります。そして特別なイベントの場や学校図書館のみではなく、いつもの授業の中で、教室の中で、本との出会いを意識したつなぎ手となる教師がいれば形成されていくことがわかります。もちろん皆が集い交わるお祭り的なイベント（「晴れの場」）が不要というわけではありません。たとえば著者が来る、表彰することなども、長期的可能性を支えたり、ふり返ったりする刺激材とはなるでしょう。学校図書館で司書や司書教諭と出会うことの重要性もまたいうまでもありません。

7実践共通の特徴の一つは、対個人での生徒への指導や個々の生徒に任せてしまうだけでなく、クラス全体が習慣として本との出会いの時間を経験できるよう設定していくようにしていることです。独り読み、朗読、読ませ聞かせ、アニマシオンの予読など、クラスでテキストの言葉を読む、テキストを読む人の言葉を聴くという静かで集中できる時間の積み重ねが、読書のおもしろさを引き出していきます。2章でも述べたように、「読書は基本的に個人でするものだからこれらの実践は入り口にすぎないのでは」という批判もあるかもしれません。しかし環境や雰囲気が人の行動を双方向的に変えていくといえるでしょう。

このようなしっとりとした時間には，教師が生徒の様子をとらえるゆとりが生まれていきます。そこには日ごろの「教える人としての教師」とは異なる生徒との関係性が生まれていきます。松山さんが書かれているように，「読まない生徒もしばらくは見守りながら育てていくこと」や，宮本さんの「教師の方が生徒から拒否されているような寂しさを感じる時期も越えることで，みなが集中する時期が来た」こと，夏目さんの「生徒が大きく反応し始めたのは1年後」という言葉の中に，育ちの過程での実感があるように思われます。

そしてこのくり返される時間の中で，本の置かれている物理的な場所が，生徒たちにとって意味ある場，本のある心理的空間になっていくわけです。くり返しの中で特定の本だけではなく，あっても目に入らなかったふれあい文庫や学校図書館の本に自然と目がいくようになり，やがては自分の住む町の図書館や書店へと向かうようになり読書にかかわる空間が広がっていきます。デザイン原理として述べた「空間の原理」です。その最初の契機としては，教師が持ち込む一冊の本や棚，学級文庫，人数分準備された絵本，そして本を一緒に見聞きする空間を仲間と共有することといえるでしょう。

しっとり，ゆっくりの時間の中で，少しずつじんわりと変化がみえてくるという時の経過，離陸までに時間をかけ変化を信じ耕していくことで芽生え実る変化があるといえるでしょう。これは教えるという行為よりは育む，耕す，種を蒔くという言葉がぴったりしたりします。

2.「この本を」という教師自身の思いと声

帯で長期間行なう活動に生徒が魅力を感じるのは、本の内容のよさであり、それを読み語る教師の声でしょう。「読んでいない生徒」を「読めない生徒」ととらえ、彼らには「まずは薄いやさしい本から与えればよい」という本や活字への物量主義的な考え方ではなく、彼らが求めているであろう内容を推察し、彼らの要求にこたえられそうな本を教師が探し語るところに、これらの実践の魅力のポイントがあります。読書への導きの手立てと同時に、青年期の生徒にあった本の質の検討も必要です。朝の読書では生徒による本の選択を重視します。ですから、学校によっては学級文庫には入れておくが、読むべき本や内容は基本的には示さないというところも多いように思います。そこにこれまでの読書指導とは異なる朝の読書のよさがあります。しかし一方で、子ども一人では出会いの機会が得られないままであろう本の中にも、彼らに合う本が数多くあります。読書には一人では越えられないハードルがあります。読書経験が少ないために独力では見つけられなかったり読むことがむずかしい本への新たな出会いの可能性を教師が準備し、しかも本だけを準備し紹介するだけではなく、集団としてクラスにはたらきかけ、誘い、巻き込んでいく足場作りとガイダンスがあるところが、これら7実践の重要性です。この意味では朝の読書とこれらの実践が生徒の読書を深める両輪となり得るといえるでしょう。

いずれの実践にも共通するのは、1章でも述べたように人間のさまざまな苦悩や複雑な生きざまといのち、人と人との関係や社会の中で生き抜くことの困難やそれを貫く生の倫理が問われる本が取り上げられているところです。学校教育で正面切って取り上げにくい、あるいは取り上げられることが少ない問題、あるいは学校教育では定番の解決法に向かいそうな問題について、読書はこたえてくれます。単純化した抽象的一般法則や原理では語れない、問いとこたえの一対一対応ではない、一人ひとり個々の生きざまや具体的世界のディテールに埋め込まれた言葉に生徒たちはこたえていくのだと考えられます。たんなる要点まとめや情報活用能力だけが「読書力」とよばれるものではないことをこれらの実践は物語っています。そうした言葉にふれたときにこそ、いわゆる行政用語としての「生きる力」だけではなく、個々が生の営みへの意志をもち、読むことを通して自分の生きているいま・ここの社会や自分の未来を心に描く力や行動の知恵が培われていくのだということを、これらの実践は、7つ重ねられることで連続体として提示してくれています。

作品が教師たちの手で選び取られ、切り取られて提示されることで、生徒はそこに集中することができます。「先生自身が選んだこと」、そして「生徒のために仕立て上げられていること」、つまりそれが目の前の生徒に向けられて「仕立てられたデザイン」となっているということです。よいから全部読ませたいと欲張るのではなく、夏目実践のように「教師は前もって下調べをして省略すべきところを決めておく」ことであったり、金子実践のように「自分が読んで『ここは』と思ったエピソードをプリントにまとめ、そのプリントを目で追わせながら読み聞かせをする」よう読む部分を限定したり、和田実践のように何回かに区切ることが必要になるわけです。

読書は本を丸ごと一冊という前に、生徒がその本の中核の言葉と出会う準備を教師がすることで、生徒たちがみずから読み始めようとする足場作りができるといえます。そして金子実践が示すように、このようなときには、中学生でも大学生以上を対象とした本にも彼らなりの読み方で挑んでいくわけです。大人の思いを子どもが越えて読書コミュニティへ参加していくのだといえるでしょう。

3. 読んでいない生徒と教師との関係性

読書にかかわる研究会等に参加させていただくと、必ず議論になるのが「読まない子」にどのように対応するかという問題です。本章の中では、まず松山実践が述べているように、「読んでいない」という現象の背後にある、子どもの抱えている問題に目を向け、「いつでも応援するよ」という信号を伝えたり、宮本実践が示すように試食販売方式で読めない生徒の自尊心を傷つけないことや、受験を意識して読書を堂々とできなくなる本好きな子どもの気持ちを理解してその気持ちにこたえる本を読むなど、子どものその時の心理状況にあわせた教師の対応が読書への道を開いていくことがわかります。また読書をしても、そこから自分の思いや気持ちを正直に書くことのむずかしさも教師は感知しています。またさらに根底に、未来への展望をもてないでいることや、「生きていくための」倫理、「実感や当事者感覚をともなう」倫理の必要性、生きることを考えていくことといった「子どもが心の奥深くに抱える問いや課題」と本をつなぐような教師の探究が、読んでいない子の姿を変えていくこともこれらの実践を通してわかります。

そしてそのためには、「教師が変われば生徒が変わる」と信じて伴走することや、教師側のはたらきかけがきちんとしていれば、生徒たちはそれぞれのやり方で応じてくれるのだと信じることです。また生徒のために教えるのではなく、生徒とともに生きる事を学ぶという信念が、教師自身の新たな本や人との出会いを作り出していくという教師側の変化が、結果として読んでいない子どもたちを変えるのです。教師の探究に生徒が共振し、また生徒の心に教師がともに触れ合えるとき、本は新たな力を与えて媒介してくれるメディアとなることを、本章の実践は提示しています。読書は学校図書館担当の教員や司書に任せておけばよい、あるいは教員一丸で取り組まなければならない、もしくはボランティアや地域におまかせ、といったいずれの発想とも異なります。国語や情報、学校図書館について専門でない教師も、たった一人からでも、将来読書人となり得る中高校生に対してできることが数多くあることを、あらためて本章を通して考えてみる必要があるのではないでしょうか。

秋田喜代美（東京大学大学院教授）

4章　学校からの読書ネットワークづくり

1節　保護者との広場としての学校図書館

1　家庭や地域との交流を求めて――ファミリーカードと読み聞かせボランティア

1．はじめに

都内の中心地、港区・広尾に80年以上の歴史をもつ順心女子学園が設立されたのは、大正7年のことでした。大学卒業後、縁あって母校でもある順心女子学園の教壇に立った私は平成8年同校の図書館に移り、念願だった専任司書教諭として仕事をするようになりました。

授業をもたない私が中学一年生の副担任として学年につくようになったのは、さらにそれから4

年後の平成12年のことです。

この年の2学期から始め、中学部全体で現在でも継続して行なわれてきているのが「朝の読書」です。最初に、この実践について少しお話したいと思います。

2.「朝の読書」効果

中学部の「朝の読書」初年度となる平成12年度の中学一年生は、私が副担任としてかかわっていたこともあり、例年になく図書館という場所にも司書にもなじんでいる生徒が多くいました。そのせいか、1学期終了時点で本の貸出数は6学年トップの201冊という、当時では考えられない驚異的な数字を誇っていました。

この学年に秋から「朝の読書」を取り入れることにしたわけですが、開始当初にまず驚いたのは本を探せないというよりも、本を選べない、自分がどんな本を読みたいのかわからない…という生徒がたくさんいたことです。

1学期中に201冊も本を借りていた学年でありながら実は一部の本好きがこれを支えてきただけで、実際には本に興味をもっていない「本嫌い」な生徒がたくさんいることもよくわかりました。そこで、読書中に席を巡回しながらつまらなそうにしている生徒に声をかけ、一人ひとりがどんなことに興味をもっているのかを探るようになりました。

図4-1　「朝の読書」の実施

「本は嫌いだ」「マンガしか読めない」と言い切る生徒には、本以外のもの（たとえば音楽やスポーツや映画）でかまわないから、と言って好きなものを聞き出します。そこで少しでも情報が引き出せれば、その子の興味対象に合う本を探して翌日には本人に手渡して紹介する（学校の図書館にないときは帰りに地元の公共図書館まで足をのばして探す）という、地道な読書指導を根気強く続けてみました。

おもしろいことに一冊でも自分の感性に合う本と出会うと、急に本を読み出す生徒が多いのです。同じ作者の本、同じ種類の本と読み継ぐうちに、短い文章のものから長い文章のものまでどんどん読むスピードが速くなり、読む幅も広がっていきました。

それにつれて、私も「朝の読書」の時間に新刊本や話題本の紹介をしたり、本の読み聞かせをするようになりました。絵本だと一冊簡単に読めてしまうし、小説なら興味をひく箇所を読むだけでも効果があります。生徒たちの身近にある、マンガや雑誌ではないものに興味をもたせる効果です。これが図書の貸出しにつながると同時に、生徒たちの間でお互いに本を紹介し合ったり、「朝の読書」の時間に読んでほしいと私のところに本を持って来る生徒も増え、その結果、学校全体の本の貸出冊数が、昨年初めて1万冊を越えました。このうちの約6割を、「朝の読書」を実施している中学部が支える結果となっています。
しかし「朝の読書」が本校に与えた影響力は、図書の貸出数に止まりませんでした。

3．ファミリーカードの誕生

ここで「朝の読書」をきっかけに順心女子学園の図書館で始まった、新しいサービスをご紹介します。

本校では「朝の読書」の影響で、家で本を読む生徒が急速に増えました。同時に、その様子を見ていた家族から「そんなにおもしろい本なら次はお母さんが読みたいから学校で借りてきて」と頼まれ、お母さんやお父さんのために本を借りる中学生も増えました。しかし本校では生徒は1人2冊（1週間）までしか本を借りることができません。その結果、親の本を借りるがために自分の読みたい本が借りられないと嘆く生徒が出てきたため、特別に「母カード」を準備して本人とは別に本を貸出すようになりました。お父さんの場合は「父カード」です。この母カード・父カードの需要がかなりあることがわかったため、2年前から正式に「ファミリーカード」として誕生させることにしました。

これは生徒の家族（ＰＴＡ・同窓会・後援会）にも学校図書館を開放しようというものです。当初、利用者は両親・祖父母など大人が多いのではと思っていたところ、意外にも兄弟姉妹のためにファミリーカードを利用する生徒が多いことには驚きました。それ以上に、ふだんはマンガやゲームばかりしていた兄弟姉妹が、本の話で盛り上がるようになったことに一番驚いているのは、やはりご両親のようです。

では、ファミリーカードでどんな本が借りられているのでしょうか。ファミリーカード利用者による最近の貸出ベスト10（順不同）をご紹介したいと思います。

・『魔法使いハウルと火の悪魔』（ダイアナ・ウィン・ジョーンズ、徳間書店）
・『ダヴィンチコード』（ダン・ブラウン、角川書店）
・『半落ち』（横山秀夫、講談社）
・『いま、会いにゆきます』（市川拓司、小学館）
・『グッド・ラック』（アレックス・ロビラ、ポプラ社）
・『世界の中心で愛をさけぶ』（片山恭一、小学館）
・『東京タワー』（江國香織、マガジンハウス）
・『夜回り先生』（水谷修、サンクチュアリ・パブリッシング）
・『蹴りたい背中』（綿矢りさ、河出書房新社）
・『冬のソナタ』（キム・ウニ、ソニー・マガジンズ）

公共図書館だと何か月も待たなければならない「話題本」を中心に、借り出される傾向が強いようです。作家として活躍中の江國香織さん（昭和56年度本校卒業生）が直木賞を受賞したのをきっかけに、その年は直木賞受賞作『号泣する準備はできていた』（新潮社）をはじめとした彼女の作品の貸出率や芥川賞・文藝賞受賞作品へのリクエスト率がかなり増えました。

また、映画やテレビドラマ、ドキュメンタリー番組で取り上げられた本の人気も高いようです。家族で一緒に見た作品をお互いに「本」で読み直してあとで感想を語り合うせいか、最近家族との会話が増えたという声を生徒からよく聞くようにもなりました。

以前、あるお母さんから「先生、最近うちの子が家で新聞を読むんです！　しかもテレビ欄や芸能欄じゃなくて社会面を読んでいるんです」と、かなり驚いた様子で言われたことがありました。生徒たちが見ているのは新聞の中にある書評のコーナーです。そこで読みたいと思う本が見つかると、記事を切り抜いて学校の図書館に持って来る中学生が増えました。彼女たちは最近、本屋でもマンガコーナーに直行せずに新着コーナーで新刊のチェックをしているようで、お薦めの本や新刊本の発売情報などを教えに来てくれる生徒も増えました。

このお母さんは娘さんの影響を受けて、ご夫婦でしっかり新聞に目を通すようになったそうです。よい記事が見つかると娘に教えてあげる。すると娘は喜んで最近読んで感動した本の話をしてくれる。「思春期に入った娘と何を話したらよいのかわからなくなっていた父親が、本を通じて久しぶりに親子の会話ができるようになりました」といううれしい報告もしていただきました。

このように学校や家庭の中に広がった「読書の輪」を、今度は地域に広げていこうとする活動も学校の図書館を中心に始まりました。次にそれをご紹介したいと思います。

4．土曜講座「Ｅｎｊｏｙ Ｂｏｏｋｓ」――読み聞かせボランティアの活動――

本校は週5日制のため土曜日に授業はありませんが、その代わりに希望者を対象とした「土曜講座」を開設しています。これは中学・高校の枠を越えた27の自由選択講座で、補習や進学準備のためのものから資格試験対策・語学入門のほかに、護身術やコンピューター入門のような趣味的なものまで幅広い講座が用意されています。

私は2年前からその土曜講座の中に、「Ｅｎｊｏｙ Ｂｏｏｋｓ」（読み聞かせボランティア）という講座を開設しました。これは「朝の読書」のおかげで本に親しむ環境が整ってきたことや、以前から福島県立石川高校の読み聞かせボランティア「エクテ・モア」（5章1節3参照）の活動に深く共感していたこともあり、「自分が楽しむだけでなく、読書の楽しさを他の人たちにも伝えてみんなで一緒に楽しもう！」をコンセプトに独自で始めたものです。

現在は毎月2回、隔週の土曜日に地元の公共図書館（港区立みなと図書館）で行なわれている「おはなし会」に参加し、読み聞かせボランティアとして活動しています（図4－2）。ろうそくの歌で始まる30分程度の「おはなし会」の中では、絵本や紙芝居の読み聞かせのほか、エプロンシアターやパネルシアターに挑戦したり、手遊び・指遊びなども取り入れています。受講生は保育や福祉に関心の高い生徒が多いため、参加する子どもたちがより楽しめる「おはなし会」づくりをめざして独学で読み方を練習したり、手作りの紙芝居を作ったりと、とても意欲的に取り組んでくれています（図４－３）。

「おはなし会」参加者の年齢はさまざまで、最近は２～４歳児が中心です。当日図書館で参加者

図4-2　公共図書館での読み聞かせボランティア

図4-3　大型絵本に挑戦

を確認してからその日の年齢層にあった内容に変更することもよくあります（年少児と年長児それぞれに対応できるよう、練習時から複数の出し物を用意しています）。

手遊びは「おべんとう箱のうた」や「ひげじいさん」（アンパンマンやドラえもんバージョン）「グー・チョキ・パーでなにつくろ」「なか　そと　ホイ」「あんころもち」など、お話に飽きた子どもたちに気分転換させる効果をねらって必ず途中で入れるようにしています。以前、「あたま・かた・ひざポン」という遊びをしようとしたら「それ、幼稚園じゃ英語でやってるよ！」と言われ、逆に英語の手遊びを参加者から教わったこともありました。また土曜日に行なわれているせいか、お母さんに交じってお父さんの参加者も多く、少し照れながら子どもたちと一緒に手遊びに参加してくださる姿はとても微笑ましいものがあります。

ではここで、参加者アンケートに書かれてあった感想（抜粋）をご紹介します。

・生徒さんが楽しそうにやってらして、子供だけじゃなく親まで楽しくなりました。これからも是非続けてほしいです。

・学生さんのこのようなボランティアがあることを知り驚きました。読み方を工夫したり、とても上手で楽しく聞かせてもらっています。子供たちの興味を引いたりすることは難しいと思いますが、ますます頑張ってもらいたいと思います。

・とても子供が楽しんでいました。ゆっくり、わかり易く読んで下さるので夢中になって聞いていました。今日は参加させて頂いて本当に良かったです。
・「おはなし会」があるのは貼り紙で知っていましたが、まさか女の子（学生）が読んで聞かせてくれるなんて感激でした！　息子はお姉さん・お兄さんが大好きなのでまた是非きたいです。本の内容もとても面白かったです。
・とってもたのしかった！　毎週やってほしいなぁ。おねえさんの声はすごかったです。もっと長くやればいいなと思いました。ほんとにありがとうございました。（子ども）

生徒たちをいつも暖かい目で応援し、活動の「場」を提供して下さる地域の方々がいるお陰で続けられているボランティアなんだと、このアンケートを読んであらためて実感させられました。秋の学園祭では、日頃の感謝の気持ちを込めて古本市（図書委員会主催）の一角で「ミニおはなし会」を開き、いつもお世話になっているみなと図書館の職員や「おはなし会」の常連さんを学校にご招待しました。順心生やその父兄・先生方もお客さんとして一緒に参加したこの会は、地域との交流をさらに広げたいへん有意義なものとなりました。

最後に、講座受講生（高校三年生）が書いた感想の一部をご紹介したいと思います。

読み聞かせをしていて楽しいことは、子供たちが「反応」を示してくれた時です。与えられたものに対し子供たちはとても素直に、また率直に反応を返してきます。つまらなくても取り敢えず聞いておく……などということは絶対にしません。以前お話に飽きた子供が、途中で置いてあるおもちゃで遊び始めたことがありました。このボランティアでは、そういう子供たちの「素直さ」が直に感じられとても勉強になります。もうひとつ学んだことは、大人と子供の「観点」には相違があるということです。どんなに大人が「これは良い本だから、ぜひ読んであげたい」と思ったものでも、それが子供たちにとって「読んでもらいたいもの」だとは限らないのです。子供たちの発達段階にあった「本」を選ぶことの難しさを初めて知りました。これからも、子供たちの「視点」に立った楽しい「おはなし会」作りを心掛けていきたいと思います。

5. まとめ

「朝の読書」ではただ読ませるだけではなく、生徒一人ひとりに適切なサポートを与えることが図書の貸出しにもつながり、それが家庭にもつながることを学びました。

その点で、ファミリーカードは「朝の読書」を家庭まで持ち込む有効な手段のひとつとなり、学校図書館の利用者の幅を大いに広げ、家族との交流を生む効果ももたらしました。また「読書」の楽しさを、学校や家庭から地域へと拡大させるボランティアの輪ができたことで、生徒たちの活動の場も「地域社会」へと向かうようになりました。

本校は、地域との関係が希薄な都会の中心地にある学校です。だからこそ、あえて生徒たちを地域の中に飛び込ませ、中学・高校時代という多感な年頃に、地域社会の中でより多くの経験を積み、学校では学べないことを学び、それを将来の進路選択にも活かしていってほしいと考えていました。

今後も朝の読書やファミリーカードで学校や家庭に広がった「読書の輪」を、ボランティアを通じてさらに「地域」へとつなぐ懸け橋になれるよう、生徒たちと共に頑張っていきたいと思っています。

＊順心女子学園ＨＰ… http://www.junshin.ac.jp（図書館のページ）　随時、読み聞かせボランティアの活動状況を載せています。

曽我部容子（順心女子学園中学校・高等学校司書教諭）

2　音楽とのコラボレーションで、子どもたちの心を豊かに

1．アリランとチャング

アーリラン　アーリラン　アーラーリーヨ
アーリラン　コーゲーロ　ノーモガンダ

「さあ、もっと大きな声で」「もう、一度」――子どもたちを前に、熱心に指導しているのは在日韓国人の姜奈仁《カンナイン》さんです。姜さんの指導によって最初は小さかった子どもたちの声も、だんだん大きくなっていきました（図4－4）。

図4-4　姜さんの叩くチャングの伴奏でアリランを歌う（2005年2月22日付　福島民報掲載）

福島県立あさか開成高校の読み聞かせボランティア部「オイガ」のメンバーも、子どもたちの中に入り、一緒に歌いました。「オイガ」とはスペイン語で「耳を傾けてね」という意味です。学校近くの保育所や小学校のコミュニティルームで

定期的にお話会を開き、絵本の読み聞かせやパネルシアターなどを行なったり、音楽とのコラボレーションや在日韓国人やフィリピン人の協力を得て、ハングルやタガログ語などでの絵本の読み聞かせも試みています。さらに絵本を英訳し、フィリピンに贈る活動も展開しています。

チマ・チョゴリに身をつつんだ姜さんの韓国の民族楽器チャングを使いながらのアリランの合唱指導が終わり、チャングの紹介を始めると、われ先に子どもたちは姜さんのまわりに集まり、チャングを叩きはじめました。

「まだよ」「これから教えるからね」「まっててね」と姜さんにいわれても、おかまいなしに、子どもたちは、入れかわり立ちかわりに前に出て、チャングを叩きます。

チャングとは桐や松の木をくりぬいてつくられた日本の鼓を大きくしたような形をした楽器で、肩からかけたり、床においたりしてバチで叩きます。リズムは三拍子で、叩く面や叩き方で幅広い音が出ます。

この日（2005年2月19日）のお話会のプログラムは、次の通りです。

大型絵本の読み聞かせ　『ぞうくんのさんぽ』

一年　薄沙弥香さん

パネルシアター　『桃太郎』

二年　軽石敬子さん／高橋亜沙美さん／金沢瞳さん／一年　七海憲枝さん

タガログ語で読み聞かせ　『ぞうくんのあめふりさんぽ』

在日フィリピン人　マグラシア・ビオレタさん／一年　薄沙弥香さん

韓国の民話『ウサギとカメ』の読み聞かせ

「オイガ」顧問　庄司一幸さん

韓国民族楽器チャングと出合う

在日韓国人　姜奈仁さん

このお話会は、福島県郡山市立開成小学校地域子どもクラブから依頼を受けて、本校の読み聞かせボランティア部「オイガ」が企画したものです。

多くの子どもたちにとって、生の演奏を聞いたり、楽器にふれたりする機会はそう多くありません。それだけに、音楽とのコラボレーションによるお話会は、とても新鮮で魅力的だったようで、今回のお話会で子どもたちがチャングに示した興味関心の高さには驚かされました。

毎回、子どもたちは演奏者のそばに集まり楽器にふれたり、弾いてみたりしてはしゃぎまわります。このように、音楽を取り入れることによって、子どもたちの心は和み解放されます。

私や「オイガ」のメンバーにとっても、チャングにふれるのは初めての体験であり、「アリラン」を歌うのも初めてでした。私たちも音楽とのコラボレーションによって和み癒されています。今回は姜さんによるチャングの演奏と子どもたちへの指導のほかに、在日フィリピン人のビオレタさんによるタガログ語での絵本の読み聞かせも行ないました。このように異文化体験を盛り込んだ国際性豊かなお話会は、「国際科学科」という学科を有する本校にふさわしい活動であり、子どもたちだけではなく、本校生にとっても、大切な学びの場なのです。

2. 河畔の公園でのライブ

私がお話会に音楽やコンサートを初めて取り入れたのは、2000年5月からで、福島県立石川高校の読み聞かせボランティアグループ「エクテ・モア」主催による「子ども読書年記念　お話し会」のときです。このお話会に出演してくれたのが、元フォークグループ「阿呆鳥」のボーカリスト菊池章夫さんでした。

「阿呆鳥」とは1981年に福島県内出身の大学生3人で結成されたフォークグループのことで、その代表作であるレコード「物語」は15万枚を売り上げるヒットとなりました。1986年にグループは解散しましたが、その後も菊池さんはラジオやテレビなどで、精力的に音楽活動を続けています。

お話会は町内を流れる今出川の河畔にあるあさひ公園で行ないました。天候が心配されましたが、五月晴となり、朝早くから親子連れが集まり、今や遅しと開演を待ってくれました。県立石川高校の校長さんや同窓会長さんも顔を出してくれました。

午前9時、お話会がスタートしました。菊池さんのギターの心地よい調べとのびやかな歌声が川面に響き渡りました（図4－5）。50名を越す親子連れが、コンサートを楽しみました。次に、元教員の宇佐見傳さんが手品を披露し、中谷地区公民館の前文庫指導員の矢吹みゆきさんがパネルシアターでお話会を盛り上げてくれました。

図4-5　川面に響き渡った菊池さんのギターの調べと歌声

最後に、ゲストとして喜多方からお招きした語り部の菊池廣子さんによる「口のない花嫁」や「夢」などの民話を楽しみました。その間「エクテ・モア」の生徒たちも、絵本の読み聞かせや手袋シアターなどを行ない好評を博しました。こうして、予定していた2時間はまたたく間にすぎ、大成功のうちに終了しました。この成功によって、また機会があったら、音楽とのコラボレーションによるお話会を開催したいと思うようになりました。

「エクテ・モア」が誕生したのは、1999年3月9日のことです。荒れていた学校を改革する切り札として導入した全校一斉の「朝の読書」が効果をあげ、生徒たちが変わりはじめた頃のことです。「朝の読書」で読書の大切さを知った生徒たちが、地域の子どもに本の楽しさを知ってもらおうと始めたものです。生徒たちを駆り立てたのは「地域のために役立ちたい」という気持ちでした。こうして、生徒たちが変わり、学校が変わりはじめたのに、地域の人々の学校や生徒を見る目は一向に変わりませんでした。そこで、私はこの活動が、地域の人々の学校や生徒に対する評価を変えるきっかけになることを密かに期待していました。

「エクテ・モア」によって始まった音楽とのコラボレーションは、福島県立あさか開成高等学校の読み聞かせボランティア部「オイガ」に引き継がれ、本格的な取り組みが始まりました。これまでに、フルート、ギター、尺八、琴などとのコラボレーションが実現しました。演奏の最中、うれしさのあまり転げまわる子もでるほどでした。音楽は子どもたちの心を解放してくれる不思議な力をもっているのです。

3. 公民館は人材の宝庫

本校の「オイガ」のように、地域で活動していくためには、地域の協力が不可欠です。まして、一緒に活動してもらえる演奏家をみつけることは容易ではありません。本校の近くには、桃見台地域公民館があり、何かと活動を支援をしていただいています。

「オイガ」の活動が定着してきた2002年4月、私は公民館を訪ねました。館長さんに、一緒に活動をしてくれるような演奏家を紹介してもらうためでした。

このとき、武田芳館長が紹介してくれたのが、フルート奏者の矢部まゆみさんでした。矢部さんは公民館の懐石料理の講座の講師をしておられて、ちょうど打ち合わせのために公民館に来ていました。館長さんから直接会ってお願いしてはと言われ、早速フルート演奏をお願いしてみたところ、ふたつ返事で引き受けてくださいました。当時、矢部さんは知人から勧められた「音楽療法」の活動を始めたばかりでした。音楽は心を託す言葉の媒介になるとかねがね思っていた矢部さんは、「オイガ」の地域での読み聞かせ活動を、方法や手段こそ異なるけれども、「音の言葉で語りかける」というご自身の考えと一致すると考え、一緒に活動しようと思ったそうです。

図4-6　部員の成長を喜ぶ矢部まゆみさんのフルート演奏

矢部さんとお会いしてから1か月後、桃見台小学校のコミュニティルームで、フルートとのコラボレーションが実現しました（図4－6）。

図4-7　「オイガ」による桃見台保育所での読み聞かせ

矢部さんは、このときの感想を「初めてのジョイントで、自分の想像していた高校生とのギャップに言葉を失いました。女子高校生＝ギャルにできるかなぁと思っていました。読み聞かせが始まって驚きました。話はうまいし、子どもたちをお話の世界にどんどん引き込んでいく、技術ではなく、心のこもった、血の通ったものを感じました。いきいきとした子どもたちの表情、歓声、言葉の応酬はすばらしいものでした」、「お話会をきっかけに、本の世界に興味を示す子どもたちが増え、子どもたちの反応に手応えを感じ、人生観さえも変わるであろう場面に立ち会えていることに感謝しています」と述べられています。そして、矢部さんは活動を通して、生徒たちが人間的に成長していく姿に目を細め、「人が生きていくにあたって最も大切なことは人との出会い、コミュニケーションだと思います」と活動にエールを送ってくれています。

その後、矢部さんの紹介で、ギター奏者の今泉仁誠さんも加わり、活動に幅と深みが増しました。このほか、尺八奏者の佐々木大盟さんやプロ顔負けのマジックの特技をもった和知謙さんも、公民館から紹介していただきました。さらに、公民館の職員である柳田幸子さんも、いとこの中原かおりさんと一緒に琴の演奏で活動を応援してくれました。柳田さんは事情があって公民館の職員を辞められましたが、また一緒に活動ができるのを楽しみにしています。

まさに、公民館は地域活動の拠点であり、いろんな才能をもった方々が出入りする「人材の宝庫」「宝の山」なのです。このように地域の多くの方々から支援を受けて「オイガ」は活動を続けています。

そして、音楽とのコラボレーションによるお話会は、次代を担う子どもたちの心を解放し、心を和ませ、子どもたちの読書や本への想像力を無限に広げてくれます。

今後も、音楽とのコラボレーションによるお話会を企画し、子どもたちの心を豊かにしていきたいと思っています。

なお、「エクテ・モア」の活動については、『朝の読書』（庄司一幸、歴史春秋社）として出版することができ、広く知ってもらうことができました。

庄司一幸（福島県立あさか開成高等学校教諭）

2節　ケアの場としての学校図書館

1　学校図書館の新たな環境デザイン

1．はじめに

日本の数倍もある真っ赤な太陽が、ゆったりと遠い海岸線に沈むアフリカの景色が今でも私の脳裏に焼きついています。私は1977年にアフリカ、ナイジェリア連邦共和国のラゴス市に約2年半滞在しました。そこでの暮らしは、日本では当然である電気・ガス・水道の供給が突然なくなり、2日後に利用できるか、1か月後に利用できるかもわからない日々でした。オイルダラーでお金のあるナイジェリアは、近隣諸国から出稼ぎで人々が集まり、ラゴス市の中心地はごったがえしていました。そこで目にしたものは、日本では想像を絶する光景でした。蝿やゴミが散乱しているところで物乞いをする人、子どもはパンツ一枚の姿で、手足が細くお腹がでている栄養失調の体…。外人居住区内の木の下で野菜・果物を売っている親子がいました。子どもは歩けるようになると学校へは行かず、オレンジをのせたお盆を頭の上にのせて売りに行かされます。生活や政治の何が問題かも知らないでいる人々を目の前にして、貧困を改善していくことやその中での教育の大切さを感じました。

街の近くには、そう古くないクレーン車が放置されています。故障しても修理の仕方を知らないとのことでした。車で郊外へ走ると、土でできた家があり、家の近くにはバナナやパパイヤの木があります。文明が入る以前の彼らの生活を見ることができました。本当の幸せとは何かという問いが、その後の私の心深くにありました。それぞれの民族の文化を尊敬することが大切であり、知ることが重要なことを学びました。

2. 新たな環境デザインを考える

学校図書館は、「いつでも・どこでも・だれでも」利用することができ、知的好奇心が満たされる場であってほしいと願っています。授業中でも休み時間でも放課後でも、読みたいとき・調べたいときにすぐ誰でも利用できる図書館です。これまで、生徒・教師はもちろんのこと、不登校児への貸出しや相談室での雑誌のバックナンバーの再利用、給食の配膳員さん・用務員さん・相談員さん、事務室の方々や生徒を通しての保護者への貸出しなど、学校関係者全員で学校図書館が利用できるようにしてきました。この実践をさらによくしていくために、アメリカの先進事例を見たいとの思いから、2004年の春に、アメリカのニューメキシコ州アルバカーキー市の公立小・中・高校・大学・ネイティブアメリカンの学校図書館、公立図書館、ライブラリーサービスを視察してきました。そして、そのときにいただいた資料からアルバカーキー市の学校図書館発展の経過などを知ることができました（図4-8、4-9）。資料によると、1999年にニューメキシコ州立図書館がサポートし、プロジェクトチームで学校図書館を調査したそうです。その結果、学校図書館の

図4-8　アルバカーキー市の小学校の学校図書館

図4-9　アルバカーキー市の中学校の学校図書館

貧しい状況が明らかになり、ニューメキシコ州特別専門委員会が組織されたということでした。その構成員は、現場の学校司書・地域の図書館の管理者・ライブラリーエデュケイター（学校司書をトレーニングする人）・公共図書館司書・学校の教育委員・州の教育委員代表、州の図書館代表、そして学校図書館に関心ある人たちでした。

アルバカーキー市の学校司書へのインタビューを通して、学校司書が図書費獲得のために運動をすることが認められていることを知りました。学校の中には学校図書館のほかに、教師が管理している部屋があり、そこにある棚にはたくさん複本があり、視聴覚機材も置かれていました。また、学校全体で学校図書館を支援するために、ライブラリーサービスがあり、資料の目録作成やビデオ貸出しが行なわれ、グラフィックスではラミネート（プラスティック膜をかぶせ合板する）やダイカット（型で一時に同形のものを多数作る）の作業ができるようになっていました。このような基盤整備のうえにアルバカーキー市の学校図書館は学校教育へのサービスを展開しています。日本でも、学校図書館に勤務する人が調査したり校内外の会議に参加して行かなければならないと思いました。

3．学校図書館の現場から考える

私の勤務する京北学園（東京都文京区白山）の学校図書館は利用しやすい1階にあるので、朝、教室へ行く前に図書館へ立ち寄って新聞を読んだり本を読んだりする生徒の姿がみられます。図書館は３教室分のスペースがあり，同学園の中学・高校・白山高校の生徒約１０００人が利用しています。

私は２００４年４月に公立中学校から本校へ異動してきました。それから２か月くらい経つ頃には生徒からは「ずいぶん変わったね」と，教師からは「新しい本の置き場ができてよくなったですね」と，声をかけられるようになりました。また，校長も時どき来館し「川真田さんらしい図書館にしてください」と声をかけてくれます。これらの暖かい言葉に励まされて勤務できることの幸福を感じています。

赴任から２００５年５月までの１年間の取り組みについて⑴環境整備，⑵読書，⑶人の交流・物流，⑷居場所についての図書館の順に，以下述べたいと思います。

⑴環境整備

「古い本が置いてある場所」から「魅力ある図書館」へ変えたいと思い，まず配架から始めました。書架は満杯で，分類番号が無視されている棚もありました。これを改善するために，古い本を除架しました。また利用しやすくするために，テーマ（進路・人物伝・平和・地域〈文京区〉・英語・旅等）ごとに棚を設け本を別置しました。新着本も館外の廊下に鍵がかけられた状態で置かれていたので，だれもが新しい本をすぐに手に取れるようにしました。蔵書の冊数は，棚数できまります。

そこで、棚数を増やす工夫をしました。そして、高校や大学の学校案内のビデオテープはカウンター内に置き、それらのタイトルをリストにして台のところへ置き、「見たい人は、カウンターへ来てください」と表示しました。これで、棚3段が空きました。文学の全集は、3冊を書架に置き、残りはカウンター内に置きました。次に、「読みたい人は、カウンターへ来てください」と表示しました。これで棚5段が空きました。

別置書架をつくるには、現在入っている本をいったん出さなくてはなりません。古い本の除籍をしながら、一冊ずつ本の居場所を見つけて置く作業をしました。書架上には他校の50年史やカーペットが置かれてあったのですが、図書委員と協力して、カーペットは裏の書庫に入れ、他校史はブックトラックへ五十音順に並べて置きました。除架後の棚の空いたところへは、本の表紙を面出しして置きました。講談社ブルーバックス、岩波ブックレットは別置しました。

配架の整備が進むと、休み時間や昼休みに来る生徒が増えてきました。仕事への関心をもってもらいたいと思いテーマ「進路」の棚を設けました。大学入試シリーズと共に、『なるにはBooks』（ぺりかん社）、『天職事典』（造事務所、PHP研究所）、『100の仕事』（エディト編、竹村出版）、『13歳のハローワーク』（村上龍、幻冬舎）など223冊と、新聞切り抜きファイル、特許などの知的財産のファイルを作成して置きました。その棚の前にある丸いテーブルはカウンターに近いため、生徒の会話がよく聞こえてきます。「公務員で一番給料の高い仕事は何かな」「〇〇大学へ行きたい」「国語の先生になりたい」など、進学と就職の話です。京北学園高校（普通科高校）と白山高校（商業科高校）の両校の生徒が一緒に話し合える場所、本と人とが出会う場所になっています。

書架の表示は増やして見やすくし、本へアクセスしやすくしました。文学は著者名五十音順に並べました。理事長と校長からは、2学期に学校へ寄贈されたという豪華な花の絵をいただき、文化の香り高い図書館の雰囲気になりました。

そこで図書委員は新着本の広報や、テーマ配架図書のシール貼り、栞づくりなどをしています。また、平成17年度から「絵本の読み聞かせ」を区立図書館から絵本を借りてきて始めました。「恥ずかしい」「絵本なんていやだなぁ」と始めは言っていた生徒が、絵本の持ち方やめくり方、読み方に注意し、集中して読んでいます。区立図書館で小さな子どもたちを目の前にした初めての「絵本の読み聞かせ」も始まりました。中学生・高校生が一緒に絵本の読み聞かせをしている姿には心が暖

天職事典

13歳のハローワーク

まります。

(2) 読書

今までは一般書が多かったのですが、中学生が利用する図書館でもあるので児童書を増やすことにしました。また、調べ学習のための参考図書の充実が必要だと考え、選書へ反映させました。映像からの情報と本とをつなげるために、NHKのテレビドラマ「新選組」や、イラク戦争に関する本、テロに関する本、アテネオリンピック大会の本、野球選手のイチローや松井選手の伝記、アニメーション映画「ハウルの動く城」の本を低書架上や棚上に展示しました（図4-10、4-11）。文学は文庫本で出版されているものは、文庫本で入れました。すると、すぐに『間宮林蔵』を借りる生徒も出てきました。読みたいときに、すぐ本があるという読書環境の大切さを感じました。『分解ずかん⑧　パソコンのしくみ』（しおざきのぼる、岩崎書店）を中学生が持って来て、この本より詳しく知っていることを得意になって説明してくれたりもしました。ファンタジーや『ウォーリーをさがせ！』（マーティン・ハンドフォード、フレーベル館）などは、根強い人気をあらためて感じさせられました。絵本『ジュマンジ』（オールズバーグ、ほるぷ出版）、『宮沢賢治どうわえほん』（講談社）は、昼休みの時間内に読めるため人気があり、その場で読む生徒がいました。旅行研究部と鉄道研究会があることからリクエストされた中には電車の本もあり、雑誌『鉄道ファン』同様に、借りる生徒がいました。また、子どもたちの中には、こわい本が好きで、妖怪の本や戦争の被害の写真などを継続して見に来る生徒もいます。戦争の本は、「平和」というテーマにして、「核」と「その他」に分けています。『折り鶴は世界にはばたいた』（うみのしほ、ＰＨＰ研究所）という本もその中に一緒に置きます。戦争の本では、事実を知ることと事実をもとに考えることの両方が大切です。マンガは閲覧のみですが、マンガの書架前は一番混雑するところです。新しい本が入ると、その場所は、

図4-10　児童書も充実するよう設置

図4-11　映像からの情報と本とをつなげる

書店の棚の前のように、人の輪ができます。

図書館を変えていくとき、選書の意義は大きいと思います。読みたいという意欲が生まれるためには、多種多様で豊かな資料の準備が必要です。本校では新聞は6種類、雑誌は20種類をいれています。また、一人ひとりの読書経験により読書能力のレベルは違うので、どの生徒のレベルにもあった読みたい本や資料がそろえてあることが大切です。

中学の調べ学習では、美術の授業で非現実の世界を表現するために、恐竜・東京タワー・高層ビル・電車・動物などの写真や図が活用されました。また地域調べでは地域資料、国語の授業では平和資料、数学の授業では自然科学の資料が活用されました。白山高校では、プロジェクト・ベース学習が行なわれています。プロジェクト・ベース学習とは、自主学習のための一方法で、テーマと目的を定め、体験学習や問題解決学習によって追究のプロセスを構成するものです。学校で学んだことが暮らしに役立ち、暮らしの中で考えたことが学校の授業で生きる学習です。2学期に、白山高校の先生から、プロジェクト・ベース学習の説明があり、生徒の個人テーマのリストと生徒へ配布した資料をいただきました。一年生3クラスでは、1クラス1時間ずつ学校図書館での学び方の授業をし、資料の種類・本の情報・索引からの検索方法を説明しました。そして残りの時間で、質問について、資料を使って実際に調べ答えを書くということをしてもらいました。そのときの反省点は、参考図書の種類を多く紹介しなければならないと思ったことです。そこでカウンター上に文献検索資料『図書館ナレッジガイドブック』（東京都立中央図書館、ひつじ書房）、『調べ学習ガイドブック』（神林照道、ポプラ社）を置きました。また「音楽」を調べたい生徒にはホームページを知らせたり、私的録音補償金管理協会へ連絡をし、「生徒のための著作権教室」の冊子を送っていただいたりもしました。『イラストで学べる著作権』（著作情報センター、汐文社）も置き、調べ学習をするときの、著作権盗用の注意も生徒に話しました。また「浪人」を調べ学習のテーマにした生徒には質問しながら「ニート」「フリーター」の新聞切り抜きファイルと厚生労働省のホームページを知らせ、情報処理室のコンピュータで調べるように話したりしています。そういった中で、情報処理室からは「陶芸の資料は図書館の方がよいので、生徒へ渡してください」と連絡をもらいました。今後、学校図書館と情報処理室とのつながりを強くしていくことが課題だと感じています。

調べ学習でのテーマの絞り込みは、やりとりの中で徐々にはっきりしていくものです。たとえば

図書館ナレッジ
ガイドブック

調べ学習ガイドブック

「年金」をテーマにした生徒には、『日本統計年鑑』（総務省統計局）『朝日キーワード2001』（朝日新聞社）、『高齢化社会ときみたち』（三浦文夫、岩波ジュニア新書）や新聞の切り抜きを手渡して、一緒に何を調べたいのかを話し合っていきました。これは、資料提供だけではなく、調査項目について のカウンセリングとなります。前任校でのやりとりでも、生徒は「江戸時代」を調べたいと言うのですが、江戸時代の何が調べたいのかを尋ねると、「浮世絵」を調べたがっていることがわかったこともありました。しかし、一口に浮世絵といっても歴史書から美術書まで、図書館には膨大な資料があります。テーマは、絞りこまなければならないのです。学校の限られた時間の中でテーマを絞っていく作業は大変ですし、調べ学習に慣れてない生徒を対象にすると時間がかかります。なかには遊ぶ生徒も出てきてしまいます。

アルバカーキー市の公立小・中・高校では、学校の中で学校図書館の役割が明確に位置づけられており、小学校から高校まで、どの子どもにも独立した学びの能力が身につくように基準が設けられています。いかなる質問も大切にされ、先生の質問や、生徒の質問がプログラム化されています。事実を知ることと、批判する能力を生徒へ身につけさせようとしています。

「黒板とチョークで教える授業」から「個から発するテーマで課題解決学習」をして、「生涯学習として独立した学び」を行なうには、教師と司書の話し合いが必要であり、協働作業が重要です。ある生徒は「人間は、なぜ背がのびるのかを調べたい」と言いました。生徒の発する質問は一様ではありません。司書はテーマに対する必要な情報を多くのメディアから得ていくアプローチの方法を研究し、それを継続していかなければなりません。

現在、書名目録・著者名目録カード、テーマ配架でのブックリストを整備しています。所在情報も含めて情報を収集して活用する能力が情報があふれている現代にこそ必要です。

(3)人の交流・物流

学校へ赴任して感じたことは、学校行事や指導計画と学校という組織の中での人の動き方を知る必要があるということでした。そのため、図書館担当の教頭とは長時間かけて話をしています。その教頭は雑誌を活用するようになりました。最近は、教頭が図書館に入ってくる姿を見ると、よい話ではないかと想像したりしています。

また、国語のT先生は「図書館に展示してある資料がよかったから、高かったけど自分でも買いました」と、図書館の資料について感想も言ってくれます。

社会科のI先生も、時どき来館してくれる先生の一人です。学生時代に大学図書館でアルバイトをしたことがあるということでした。この先生からは授業で使うのでポツダム宣言の全文が知りたいとの資料要求がありました。区立図書館へ問い合わせをして、『解説条約集』（三省堂）を借りてきました。また別の折には「あなたを信頼しているから大学入試センター試験の図の出典を探して」と依頼されました。図からヨーロッパ中世と特定できたので、美術書と歴史書を調べていきました。その結果、『人間のあゆみ』（理論社）に掲載されていることが判明し、その資料を手渡すことができ、I先生の信頼に応えることができました。

国語のY先生は、放課後来館する先生です。お薦めの本をお互いに語り合ったりしています。授業の構想を話してくれて、使用するさまざまな本についての問い合わせをしてくれます。あるとき「絵が多い短歌の本はないですか」と言われ、公立図書館から『まんが短歌なんでも事典』（須藤敬、金の星社）を借り、手渡しました。授業後、「とてもよかった」とわざわざ感想を言いに来てくれました。

資料を探すのに、公立図書館の支援は不可欠です。区立図書館のO氏には、書店の情報や図書館のことなど、多くのことを教えていただきました。区立図書館からは新中学一年生のために文京区立図書館の案内や文京区の文豪にかかわる地図などを人数分いただきました。また、プロジェクト・ベース学習の調査が始まる前に鴎外記念本郷図書館へ行き、館長さんにプロジェクト・ベース学習について説明するとともに生徒がお世話になることのお願いをし、快諾していただいたこともありました。人の交流・物流の大切さを実感しています。

(4)居場所としての図書館

白山高校のAくんはプロジェクト・ベース学習の授業がきっかけとなり、昼休みや放課後に来館するようになりました。Aくんは本棚の本を手にとったり、進路コーナーでは、床に座って本を読んだり、1時間以上ブラウジングを楽しんだりしています。

朝一番に来る、白山高校のBくんと中学生のCくんは、新聞入れから重い新聞を運んでくれます。「図書館は居心地がいい」「先生がいないと寂しい」といってくれ、学校図書館が生徒へ与える影響の大きさを感じています。

高校生のDくんは、筆記用具を持って来ないことが多いので、「学校に来るときは鉛筆ぐらいもってきなさい」といつも言っていました。そのDくんが漢字検定試験が終わってすぐに、問題用紙の正解を一緒に考えながら発した、「おれ、150点とれているかなあ」という言葉に、図書館の学習机に座って漢字の勉強をしていた姿を思い出しました。彼も図書館にいるのが大好きな生徒の一人です。

4．終わりに

2004年は、大きな災害があった年でした。大型台風の影響で四国の図書館が浸水し多くの本が濡れてしまいました。濡れた本を自然乾燥させると紙がしわになりますが、冷凍庫に入れると真空凍結乾燥法によって資料がもとに戻ったと聞いています。図書館には、さまざまな発想と昔からの知恵が蓄積されています。時代は急ピッチで変化しています。世界で起きた情報が共通の情報になっています。横とつながり、広い視野で総合的に判断していくことが求められています。生徒が図書館を生活に取り込み活用することによって、将来出会うかもしれない困難を乗り越える力を身につけることにつながっているのです。

学校図書館は特定の学年の子どもたちを対象とした図書館で、学校教育を充実させる目的をもっています。校長の理解と教師の気づきから図書館の活用法は広がっていきます。図書館委員会を、今までに3回開きました。生徒の学習にかかわる委員会から中学・高校・白山高校の教師各1人、生徒会にかかわる委員会の教師から2人、図書館担当の教頭1人、学校司書1人の7人で構成されています。この組織を中心に学校の中で協力体制ができ、人が動き、組織が動くと、学校図書館の機能が推進していきます。これからも、進化する学校図書館であり続けたいと願っています。

川真田恭子（京北学園京北中学校・高等学校、白山高等学校司書）

2　保健室・相談室と読書

1．子どもたちの心とことば

身体にできた傷は、じきに消えるけれど、心にできた傷はずっと残る

やりたいことやれずに後悔したことも、
心の傷になりずっと残る
心の傷は、消・え・な・い
忘れたって、忘れようとしているだけかもね

この詩は、相談室登校を続けながら卒業していった一人の少女の作った詩です。少女は本を読むことが好きでした。少女はそのときの心をコンピュータグラフィックに託し、その絵に詩を添えました。

心に傷を負った子どもたち、学校に行けず、独り悩む子どもたち、多くの悩める子どもたちがいます。その子どもたちの心の傷をどう癒してあげればよいのでしょうか。どんな手を差し伸べればよいのでしょうか。子どもたちは苦しんでいるのです。

深　海

海深く　光の届かないところ
暗くて　静かなところ

少しでいいから光が欲しい
少しでいいから　明るく　温かい　光が欲しい
淋しいところ　怖いところ

悩める子どもたちは、自分の心を閉ざします。家に引きこもり、口を閉ざして。
でも、子どもたちは待っているのです。自分の心をわかってくれる人が来ることを。

明るさ

暖かい色　温かくなれる色
太陽のように　明るく人を包み込む
少し角がある　冷たい部分
少しずつ暖かい色で　明るくなっていく

幸せな出会いがありました。たった一人の大切な人、自分の心をわかってくれる人。
出会いが、子どもの心を変えていきます。大人はそんな出会いの場面を作ってあげたいのです。

こころ

無垢な心　透き通った心
温かい心　優しい心
人はたくさんの人に支えられて生きている
心もたくさんの人の心と通いあっている
冷たい心に　ならないで
冷たい人に　ならないで

だれでも本当は人が好きなのです。独りでいるのは寂しいのです。
子どもたちはじっと待っています。だれかがそんな自分の心に気づいてくれることを。

2. 保健室・相談室の教育相談的機能

小・中学校における不登校の児童・生徒数は、年々増加の傾向にあります。保健室や相談室は、そうした児童・生徒の「心と身体の居場所」として重要な機能を果たしています。なんらかの理由で集団に適応できず、教室に入ることのできない児童・生徒にとって、保健室や相談室は、学校において唯一安心して身を置くことのできる場所になっているのです。保健室登校、相談室登校とよばれる時期は、不登校の状態に陥った、あるいはその兆候がみられる子どもたちが教室に復帰するために、また心を休め自分自身を取り戻すために、非常に重要な時期なのです。

私の場合、専門的な臨床心理学の知識ももたず、教育相談の担当教師としてこうした子どもたちの指導にあたりました。子どもたちと話をする些細な機会を作り出すために、たくさんの本が私を助けてくれました。

3．読書活動を取り入れた教育相談活動

不登校児童・生徒へ指導にあたる基本は、「子どもの心を受容し、心の内面を理解し、援助すること」にあると考えています。個々が不登校に陥った要因にはさまざまなものがあり、解決できる場合と、解決が困難な場合があります。ですから、問題を解決することが教育相談にあたるものの役目ではなく、子どもたちみずからの耐性を強めつつ、徐々に集団生活への適応を図ることが大切な役目であると考えます。集団生活や学習に適応できないために、学校に登校できない（したくない）子どもたち、家にこもりがちな子どもたちが、家から足を踏み出し、安心して生活できる空間として、学校には「心の教室」や教育相談室、保健室などが整備されています。閉じこもり状態の子どもたちにとっては、その場所まで足を運ぶまでが大きな階段であり、不登校解消への第一指導

段階であると考えます。

家に閉じこもった生徒は、家庭訪問をしてもすぐには心を開いて会ってくれませんから、この時期の指導には根気が必要です。私はこの時期の家庭訪問のときに、マンガやアニメなどの本を持参しました。野球の好きな生徒には『ドカベン』（水島新司、秋田書店）、ロマンチックな話が好きな少女には「折原みと文庫」などをよく持っていったものです。会ってもらえないときでも、持参した本を必ず置いていきます。決して読むことを強制せずにこうした行為を何回かくり返す中で、徐々に訪問を心待ちにしてくれ、心を開いてくれる子どもがでてきました。しだいに会って話ができるようになってきたのです。

こうして人間関係ができてくるにしたがって、ひきこもりの時期を乗り越えた子どもは、ようやく学校の相談室に来るという一大決心を固めます。子どもたちは、身体を硬くして、顔をこわばらせ、教師や親の送り迎えにより、ようやく学校の門をくぐります。

そこで第二指導段階として、相談室で一定時間を落ち着いて過ごせるようにするために、読書活動を取り入れました。心を癒し、学習意欲につなげる心身のエネルギー充電期として、読書は自己カウンセリング的な側面をもち、非常に有効であると考えたからです。こうして、私の待つ相談室には、毎日4、5人の子どもたちが足を運び、本を読みふける姿が見られるようになりました。なかには、対人恐怖症的な生徒もいましたので、相談室を病院の診療室のように、ついたてやきれいな色のカーテン、本棚などで細かくぎり、他の人の目を気にせず安心して本を読める空間を作りました。

そして徐々に、読むだけでなく、読んだ本について教師と会話する、読んだ感想をノートに書く、詩を書く、コンピュータグラフィックを作るなど、少しずつ学習活動の幅を広げていきました。文頭の何編かの詩は、相談室において書かれた詩を紹介したものです。この時期には、長い生徒で2、3時間は学校にいられるようになります。この頃から、徐々に簡単なドリル学習等を学習活動に加え、学習面での適応を図っていきます。さらに無理のないように配慮しつつ、仲のよい級友と接する機会を意図的に作り、集団への適応を図っていきます。ここを乗り越えれば、やがて教室復帰につながっていくのです。

4．読書を通したカウンセリング活動の実践例

(1)本と「心のノート」の交換を通して得られた信頼関係

ある少女の読む本の多くには自殺の場面が描かれていました。それらの本の中で「美しい死」にふれると、きまってノートに「私も死にたい」と泣きながら書きます。「こんな自分が嫌だから死んだ方がまし」と書き綴ったノートが届くと、私は返事に困りペンが止まります。

「絶対にきれいごとは書けない」――きれいごとを書けば、鋭い大人への批判が返ってくるのが

優しさごっこ

わかるからです。困った私はその本を借りて読んでみました。すると自分がいつしか少女の心境に引き込まれ、心が大きく動揺してくるのを感じます。そのときの気持ちを、そのまま素直な返事の言葉に変えていきます。

私は教師としてよりも、ひとりの人間としての率直な気持ちをノートに書いて渡しました。私と少女との間に、本とノートがあり、それが教師と生徒の信頼の絆になっていくのを感じていました。「死にたい気持ちを素直にうち明ける人がいる間は、少女らは絶対みずから命を絶つようなまねはしないだろう」そう信じて交換ノートを続けました。

(2) 読書を通じて自分自身を取り戻した少女

ある女子生徒の貸してくれた本から、思いがけずその女子生徒が不登校に陥った背景が見えてきたこともありました。『優しさごっこ』（今江祥智、理論社）を私に貸してくれたその少女は、引っ越しと転校をくり返す中で、父親や母親への不信感と不安な気持ちに悩んでいたのです。いつしかそれが家族だけでなく周囲の大人への不信感になっていたようでした。自分の思い描く家族像と現実との間で悩む彼女、本当の心を素直に表現できず苦悩する彼女の姿が、しだいに見えてきました。

「今より家庭の状況はよくならないだろうから、もうそろそろ死のうかな！」とびっくりするほど簡単に口にする彼女に私は困惑し、『いちご同盟』（三田誠広、集英社文庫）を貸しました。彼女は夢中で読んでくれました。その本を返してくれようとした日、小学校の頃からの自分の思いと、今の自分がどうしてあるのかを、初めて自分の言葉で語ってくれました。2時間以上も、時折笑顔すら浮かべて夢中になって語る彼女の表情からは「もう大丈夫、がんばるからね！」という自信すら感じられました。

彼女は卒業後も、たびたび学校帰りに当時私の勤務していた教育会館に立ち寄り、高校生活のことを話してくれました。「小説を書いて、雑誌に投稿したいんです。きっと落選だと思うけど」とのうれしい話に花が咲き、幸せなひとときが流れていきました。

5．保健室・相談室での読書指導の留意点

(1)自分の好きな本を読む時間を保証すること

まず好きな本を読みたいだけ読ませることが大前提です。学校へ来る目的が「本を読む」ことであってよいことを、本人だけでなく保護者や同僚の教師にも共通に理解してもらうことも大切です。たとえ読んでいる本がアニメやコミックであっても、まずは「読みたい」という意欲を認めてあげたいと考えます。

(2)感想を強制して求めないこと

不登校児童・生徒は、自己表現が苦手な生徒が多いため、感想を書くことや言わせることを強制すると拒否反応を示すことがあります。しかし、自然な会話の中で、その本について聞くことは、「自分の価値観を理解してくれた」と解釈し、心を開くきっかけとなることもあります。まちがっても、子どもの価値観を否定するような発言は慎むべきです。

(3)子どもの読んでいる本と同じ本を教師も読んでみる

子どもたちが好んで読む本を教師も読んでみると、その子の特性や価値観がうかがわれることが多くあります。不登校に陥っている生徒の読む本には、家庭状況や考え方の特性などにつながる本が数多くあり、それらを読んでみると、以下のような生徒理解につながる場合が多いのです。

・どんなことが不登校の要因になっているのか（父親不信・母親不信・家庭環境など）
・どんなことに興味をもっているのか（歴史、ＳＦ、動物など）
・どんなことに悩んでいるか（恋愛、友だちができない、家族が信じられないなど）

(4)交換ノートなどで、心の内面を探る

感想を強制しなくても、書くことが好きな生徒は、自分の心情を喜んで書きたがります。書くことでストレスが発散できるタイプの生徒とは、交換ノートなどを行なうことが有効です。書いた文章を読むことでストレスの分析ができ、心の内面がわかってきます。絵を描くことが好きな生徒に

は、読んだ本のイメージをコンピュータグラフィック等で作らせることもよいでしょう。

(5)「教師の薦める一冊の本」を読ませる

信頼関係ができてきた頃を見計らって、「この本読んでみたら?」と薦めてみます。いやがったら強制しませんが、子どもと価値観が共有できるチャンスで、そのことから話題が広がります。

(6)いつでも本にふれられるようにする

生徒の好む絵本やアニメ・文庫本などを何気なく保健室や相談室の目につく場所に置いておきます。気が向いたときにいつでも手に取れるようにしておくこと、いつでも貸せるようにすることが大切です。時どき、教師がつき添って学校図書館に足を運ばせることは、学校に適応させる意味で有効ですが、あまりに本の数が多いため、自分が読みたい本を決められず、かえって自己嫌悪に陥る生徒もいるので留意しなければいけません。

多くの「相談室登校」の生徒たちと接する中で、私は、読書を通じて、自己理解・相互理解・心の交流ができることを知りました。教師の価値観を押しつけるのでなく、お互いの価値観を認め合い、登場人物の生き方や感じ方について意見を述べ合う中で、いつしか生徒たちの悩みが解決されていきます。

私自身も読書指導や読み聞かせをするようになって、子どもにやさしい目を向けられるようになった自分を感じるときがあります。「不登校」「登校拒否」——こうした悲しい響きの言葉が教育現場から消えていく日まで、読書指導を続けていきたいと思います。一人ひとりが命の尊さに気づき、他人を、そして自分を大切に生きてほしいから…。

保健室や相談室には感受性の強い生徒たちが足を運ぶことが多いので、ぜひ小説や絵本などをそろえておきたいものです。これからも保健室や相談室で、読書活動を取り入れた教育活動を続けていきたいと思っています。

長澤友香（静岡市教育委員会学校教育課指導主事）

3節　4つの実践を通して

1　学校と家庭・地域をつなぐメディアとしての本・本をめぐる出来事

中学・高校で学校が家庭との連携を行なうという場合の多くは、学校での授業や学習、子どもの問題や進路についての情報を保護者に伝えて共有することから始まることが多いわけです。その場合には子どもの学習・進学・進路決定などの問題を解決するところに親の関心はあります。しかし、本章1節での「保護者との広場としての学校図書館」の実践では、本を読むことを家族で共有したり、生徒が本を読む姿を保護者が教師とともに公民館で見たりすることによって、家庭・保護者とが読書で「いま・ここ」の時間を楽しむこと、さらに生徒が読書をしたり新聞を読むことで、家族の会話が増えるという循環的な関係が発生し、勉強の話題とは異なる面での学校・家庭のつながりが生まれています。

そしてそのために、曽我部実践でのファミリーカードという「もの」や、曽我部・庄司両実践での高校生たちがコンサートや出前の読み聞かせをするなどの「こと」による手立てがうたれています。それまで本のみで完結していた世界から、本が語られる場にさまざまな立場の人が集い、庄司実践ではライブとして生の声や音、音楽などを共有し経験する世界が描き出されています。図書館はテレビや映画、音楽などのメディアと本というメディアとをつなぐ場所ともいえますが、この意味で読書としてこれまで考えられていることの境界を越えていく冒険もあるといえるでしょう。本以外のメディアをそろえた今の公立図書館やこれからの電子図書館を視野に入れるなら、学校図書館のこれからも見えてきます。そして公立図書館や公民館では、高校生や教師や親は、日常生活のそれぞれの役割に縛られるのではなく、市民としてともに公共の読書の場で本の楽しみをわかち合っているともいえます。2章のデザイン原理で述べたように、読書は学校や家庭とは違うところで多重の成員性を作り出しています。今の中高校生は10年後、20年後には親となります。そのときに、公共図書館を活用していく知識社会の新たな読書人を作る芽生えがこれらの取り組みの中にあるように思います。

もちろんイベントだけで終わるのではなく、本章では紙数の都合で十分には書かれていませんが、このような出来事の経験が、生徒たちに朝の読書をはじめとする、一人静かな沈黙の中で行なう自己内対話としての読書への新たな道筋と動機や誘いを作り出している循環があることも見逃してはならないでしょう。その道筋が見えているからこれらの実践が継続されているのだと思いますし、最後は個々の生徒の自己選択、判断による読書へと導かれゆだねられていくと考えています。個々の生徒の読書、学級で読書する時間や読み聞かせサークル、図書委員会での本にまつわる活動、学校での読書からさらに地域へ、異なる文化との出会いへという流れが見えますが、一方でその反対方向の循環も起こっています。一つの出来事は後続するさまざまな出来事との間で新たな意味を帯び、生徒たちの読書経験の地平を幾重にも重層化していくといえるでしょう。

今の中高校生にとっては家庭や地域はそこに居ても心理的には離れた存在であるのかもしれません。それが本を介して家族や地域の人と対話しそこに人の輪が可視化していく様相があります。また福島の石川高校の読み聞かせ活動の影響を受けて、東京の順心女子学園の活動が生まれるなど、学校間を超えて響き合う活動は、本章で言及された事例だけではなく、全国で数多く起こっています。そしてそれをつないでいるのは、学校や公立図書館にかかわる大人たちであることも忘れてはならないでしょう。

2 ケアと学習を両輪とする場としての図書館

2章でも書きましたが，学校図書館は情報活用のメディアセンターや学習センターという機能と同時に，実際には一人で本を読んだり考えたりすることができる，何もしなくてもよい場であるという見えない機能も果たしており，この意味で学校図書館が居場所となっている生徒たちもいます。川真田実践の中にもその姿が記述されています。学校の中で，保健室のように病気やけがという症状がなくても，他者のまなざしを逃れ一人でいることを教師たちに正統に認められほっとする場だという生徒の生の声を私はある中学校で実際に聞きました。帰りには必ず図書館に寄ると落ち着くという高校生と話をしたこともあれば，昼休みになると図書委員会活動で生き生きと活躍する中学生にも会いました。彼らにとっては，図書室は本を捜す・借りる・読む，勉強をするなど，何かをする〈Doing〉場所というだけではなく，自分がそのままでいていい，何もしなくてもいい〈Being〉場所でもあります。そして授業のように現実の自分と対峙しないで，想像世界でこれからの自分の生き方の指針に出会ったり考えたりできる可能性の場所にもなっているのです。「ケアは生徒が今どのようであるか，そしてこれから何になりえるかに対して向けられるものである。応答性と希望への視座をもつものである」（Belenky et al., 1997）という言葉があります。学校図書館と司書や司書教諭の仕事はこのような意味で生徒から直接悩みを聞きカウンセリングをするカウンセラーとは異なる専門性をもっています。子どもたちに何になり得るかを示す可能性をもった本の背景知識をもち，学習評価者である教師とは異なる大人として生徒の居場所を作るケアの機能を担っているといえます。

またそれは，学校図書館だけではなく保健室や教育相談の場でも読書によって同様の機能が起こり得ることを長澤実践は示しています。2章のデザイン原理で述べた分散型の読書空間です。もちろん，生徒のすべての心理的課題が本によって解決するわけではありません。しかし，教師が生徒の心の葛藤や問題に言葉で直接ふれるのではなく，本を仲立ちしにして生徒の心の声を傾聴していくことでケアの機能を担い得ることを示しています。

本がある場の居心地のよさは，学校図書館と称する場所が物理的にあるということだけではなく，学校図書館司書や司書教諭という専門家の方々の仕事，専門的見識に支えられた行動によって作り出されることを川真田実践はよく示しています。私自身も川真田さんの勤めておられる学校図書館の変化を，彼女が勤められる前と後の両方を実際に見て知っています。展示やレファレンスなどのデザインの工夫によって機能的な場を作り出しています。生徒だけではなく，教師の仕事を専門家として支えることもこれからさらに必要になります。人こそ要であり，その意味で図書館での人の充実に対する行政や学校の支援が強く求められます。

そして本への楽しみや居心地、ケアの基盤のうえに、図書館は知恵を提供する長期的な学習の基盤を支えていくのが、まぎれもない学校図書館の役割であることを本章の実践は示しています。1章で紹介したフィンランドの学力調査例が示すように、読書は長期的な学力保証の基盤となると考えられます。

曽我部実践からは、社会のことに目をむけることがきっかけとなり、新聞を読むようになったこと、庄司実践は他文化や国際的視点を喚起すること、川真田実践は調べ学習やプロジェクト学習のサポート、IT知識の提供、さまざまな教科の授業の充実のために教師への参考図書や資料提供、公共図書館との連携が有効であること、長澤実践は本を通して読んだ感想や詩を書くことによって、生徒の気持ちが安定して活動の幅が広がることを示しています。

テスト対応の参考書で要点だけの暗記対策ですますごまかし勉強（藤沢、2002）が助長されがちな中、ある特定の内容についてさまざまな著者の視点から書かれた本を読むことは長い目で見て真正な学習活動へと導くことになります。読書を通して重ね読み、比べ読みや目的に応じて必要な情報を取り出し自分なりに編集組織化していくことが、知識社会に生涯求められている探究し表現していくプロジェクト型の学習を支えていくといえるでしょう。その意味でいま、本が授業の中でさまざまな形で使用されていくことが望まれます。コンパクトな教材に比べて、本の使用は時間を必要とすると考えられがちです。しかし生徒を取り巻く環境として教室、図書館、保健室や相談室など、また学校だけでなく公共図書館をはじめ地域のさまざまな場所に出会いの機会があること、また生徒の関心が本をめぐる活動に向けられていること、そしてそれをつなぐ大人がいることで、子ども自身が時間を見出し、読書にいそしんでいく可能性があることを、本章の実践は示しています。

秋田喜代美（東京大学大学院教授）

5章 市民読書ネットワークをつくる

1節 本で地域がつながる

1 朝の読書から生まれる幼小中高連携

1．朝の読書の始まり

「校舎4階から机が落ちてくる」、「注意をすれば反抗する」、「授業が成立しない」。荒れているどこの学校にもみられる光景です。これに対して、教師は一致団結して改善に取り組みました。共通の認識をもち素早い行動をとるなど、その対応が功を奏して落ち着いた学校が戻ってきました。

このような状況の中、97年も終わろうとしていた頃、校長から「もっと生徒を育てたい、さらに成長させたい。そのために何をやったらよいか提案してほしい」という話がありました。そこで、「何がよいものか」とあれこれ考えていたところ、妻から「朝の読書がよいのでは」と言われ、このとき初めて「朝の読書」の存在を知りました。全校一斉で毎日10分間の読書をする。本は好きなものでよい。感想文は求めない。

「これだ、これならできる」と直感しました。生徒たちに一番不足している読む力を育成できる。何よりも、本を読んだことがない生徒たちに本のすばらしさを教えることができます。そして、生徒自身がみずからの力で自信と誇りをもち、これからの人生が豊かになることはまちがいなしです。

校長・教頭は以前から朝の読書のすばらしさを知っていて「ぜひやりたい」という後押しもあって、98年2月に朝の10分間読書を学校運営委員会に提案しました。しかし、まだ朝の読書が十分に広まっていなかった時でもあったので、「本当に高校生が本を読むのだろうか」「漢字もろくに読めない生徒が本を読めるのか」「10分間の時間をどうやって生み出すのか」…などなど、疑問視する声が多数上がりました。ただ、「やってみる価値があるのではないか」「10分の時間がつくれればやってもいいのでは」などと賛成の意見も出ました。

そこで、参考図書として『朝の読書が奇跡を生んだ』（船橋学園読書教育研究会、高文研）、『続　朝の読書が奇跡を生んだ』（林公・高文研編集部、高文研）、『朝の読書実践ガイドブック』（林公、メディアパル）を先生方に読んでもらい、朝の読書のやり方や成果を理解してもらいました。3月の運営委

朝の読書が
奇跡を生んだ

続　朝の読書が
奇跡を生んだ

朝の読書
実践ガイドブック

員会で、教務主任から「授業を5分短縮して45分間とし、朝読の10分間を生み出す」という提案があり、実施する運びとなりました。

97年度から全校一斉朝の読書を始めていた福島県立石川高等学校を訪問し、庄司一幸さんから実施上の注意点を詳しく説明していただき、準備を進めました。全職員で取り組む体制をつくるということで、教室には担任と副担任が2人で行くことにしました。

始めてみると、あまりの静けさにびっくりです。生徒たちはみんな本を読んでいます。高星さん（当時一年生）の感想です。

私は読書が始まって自分自身で変化したことがあります。それは初めて本を読みきれることを経験したことです。とにかく、文章を書くことも苦手で、本を遠ざけていましたが、今では「次は何を読んだらいいか」と少しずつ読書に意欲がでてきたと思います。10分間という時間は遊んでしまえばほんの少しの時間だけれども、本を読む10分間は大きな力をつけてくれるような気がします。（…中略…）これから短い10分間で集中力を高めて、文章を書いたり、本を読んだり理解したりすることが自然に身についてくれればいいなと思っています。

2. 朝の読書研究協議会の開催

本校の大成功が、地元茨城新聞や日本教育新聞で紹介されました（図5－1、5－2）。また、茨城放送によるラジオ放送もありました。そして、県内の学校はもとより、県外の学校からも多数訪問を受けました。生徒も先生も多くの見学者を迎える中、さらに充実した朝の読書に向けてがんばっていました。「どうしても読まない生徒にどう対応したらよいか」など「読まない、読めない生徒」対策に粘り強く取り組んでいきました。「本を見ると気分が悪くなる」という生徒には困りましたが、担任の先生が何度も何度も個人面談を重ねる中、ついに読み始めました。結果的には、なんとその生徒はそこから卒業までの3年間で400冊以上も読んでしまいました。

校内での朝の読書が確実に進む中、このすばらしい実践が本校だけのものではもったいないと考え、県内の小中高に呼びかけ、朝の読書研究協議会を開催しました。1999年5月31日のことで

「朝の読書」で活字離れに挑む

里美高、全校で取り組み

朝の読書に没頭する里美高の生徒たち

県北鹿行

日立支社 ☎0294(22)4466
ひたちなか支社 ☎029(273)3979
鹿嶋支社 ☎0299(82)1730
鉾田支局 ☎0291(32)2501
常陸太田支局 ☎0294(72)0201
大子支局 ☎02957(2)0068

"静かな10分" 成果期待

久慈郡里美村の県立里美高校（小祝仁晃校長、生徒二百二十二人）で四月からスタートした「朝の読書」が軌道に乗っている。当初は「今どきの高校生が本など読むだろうか？」との不安もあったが、毎日十分間、全校生徒が本を開き静かな時間を過ごす。若者の活字離れが危ぐされる中、同校では「読書を生涯の趣味とするきっかけになれば…」と期待する一方、夏休みには図書室を住民にも開放して、地域とともに読書への取り組みを進めていきたい考えだ。

朝の読書は四月二十日から始まった。一時間目の授業後の午前九時半、チャイムと同時に校内が静まり返る。各教室では担任、副担任の教諭とともに生徒たちが読書にふける。名作や推理小説、話題の単行本など手にしているのはさまざまなジャンルだが、いずれも没頭している様子だ。

生徒の間には「読書は苦痛。でも、協力することで学校が良くなるなら、付き合う」（三年女子）との冷めた声もある一方、「ついつい次の展開に引き込まれる。十分間じゃ足りない」（二年男子）、「面白くてもう七、八冊読んだ」（一年女子）など読書への"開眼"を感じさせる言葉も聞かれる。

読書導入の目的は、「基礎的な学力アップや落ち着いた学校環境の育成」を図るとともに、「生徒に自分自身を見つめる機会を促す」こと。学校側では十分間を生み出すため授業時間を五分短縮し、各クラスに三十冊程度の「学級文庫」も置いて読書環境を整えた。今後は現状を継続するための工夫を凝らすという。

担当の星国晴教諭は、読書の楽しみをつかみ始めている生徒たちについて「確かに活字離れは進んでいるだろうが、だからこそ生徒たちは、活字に新鮮な感動を味わっているのではないか」と話す。また、神永利一教諭は「感想文を書くことなども呼び掛けようと思うが、あくまで自主性に任せる。理想は、本を身近にするライフスタイル」と、長い目で成果に期待を寄せる。

小祝校長は「生徒は人とのかかわりの中で成長する。住民に図書室を開放するのもその一環。本を通した地域と学校の関係をはぐくみたい」と話している。

図5-1　茨城新聞　1998年7月9日号

テーマは

読書

2つの実践例から

全校で一斉に実施する「朝の読書」を教育活動の一環として始める学校が増えている。学校が一時的に荒廃し、その立て直しが一段落したその時、「さらに生徒の落ち着きを定着させたい」と、生徒指導上の方策として導入しているようだ。出版流通大手「トーハン」（東京）によれば全国の小・中・高校で三百五十校以上が実施し、昨年度の三倍以上にも急増したというが、その効果のほどは…。

茨城県立里美高校

2ヵ月で30冊読む生徒も

本年度から　将来、図書館を地域開放

茨城県立里美高校（小祝仁晃校長、生徒222人）では遅刻者を減らす対策として、朝のホームルーム（HR）を一、二時間目の間に実施している。本年度からは日課表を見直し「朝の読書」を毎日、このHRの前半十分間（9時30～40分）に位置づけた。開始のチャイムで生徒は、自分で持参した本か学級文庫の本を教室で着席して読み始める。「朝の読書」には、担任と副担任が必ず一緒に読書にふけるが、開始二カ月で三十冊以上も読む生徒が出るなど定着度は高い。

同校は十年ほど前、校内の喫煙や制服の乱れなどで生徒指導上の苦労が絶えなかった。だが、制服の見直しや全一年生の部活動入部、HR時間の改善などで、徐々に生徒の生活態度が安定してきた。そんな折、「守りの姿勢から良くする方向に動く」（小祝校長）試みとして「朝の読書」が、教師側から提案された。

昨年度末、校内に「読書指導推進委員会」（委員長＝星國晴教諭）を設置。開始にあたって教師向けの「実施マニュアル」や保護者向けの協力依頼を配布したり、各クラスに三十冊前後の文庫本を整備してきた。また、開始した三日間は担任教師が「読み聞かせ」をして読書の意義や楽しさを指導した。

開始当初は読書しない生徒も各クラス数人いたが、個別面談を重ね現在では「静寂の中で生徒は真剣に読書に励んでいる」と、「朝の読書」を提案した神永利一教諭は感想を漏らす。星教諭も「本当に読むのか疑問だったが、スタートからその不安は一掃された。教師二人が一緒に読書するスタイルが功を奏したようだ」と話している。

生徒は自分なりのペースで「朝の読書」に励む

この実践を機に小祝校長は「手始めに夏休み中は学校図書館を地域に開放する」計画だ。さらに、将来的には授業のある昼間に開放し「地域の人と生徒のかかわりを深めたい」と、夢は広がる。

里美高＝☎0294・82・2330

◇

同校を指導する県教委指導課の大内一幸指導主事の話　生徒が心を落ち着かせる場面として有意義。読書する態度は「生きる力」にもつながると確信する。また、HRの前で連絡事項も徹底が図れると思う。

図5-2　日本教育新聞　1998年7月11日号

す。また、これをきっかけに、地元の教育委員会・小・中学校に対して「一緒にやろう」と呼びかけました。それは、高校からの3年間の10分間読書だけでは、生涯にわたって読書をする習慣は根づかないだろうという思いからでした。10分間読書はたんなる読書への入口です。読書の楽しさをかいま見るだけです。小学校から、いや、幼稚園から、読書の楽しさや奥深さを知り、高校を卒業してからも読書を続けるようになれば、そこにはすばらしく豊かな人生があると思います。また、豊かな地域も生まれます。

この呼びかけに、これまでも皆読運動の方策を展開していた地元里美村教育委員会はすぐに賛同し、小中学校へのはたらきかけもしてくれました。そして、ついに、２００1年5月に里美村教育委員会教育長を会長として里美村朝の読書研究協議会が発足しました。ここまでの経過の中で、朝の読書の重要性に理解を示すことと、運動として実際に展開することには大きなギャップがあることをしみじみと感じさせられました。「一緒にやりましょう」と話をもって行ったとき、「同じようなことはもうやっています」と言って、反対はしないけれど行動もしないという学校もありました。そのような学校へは粘り強く何度も足を運び、熱意を伝えることによって動いてもらうことができました。協議会に参加した2人の先生の感想です。

里美村の取り組みがすばらしいのは、小中高行政が一体となって子どもたちの心の教育、心を耕す読書活動を推進していることであり、私たちのところでもそうなったらいいなと思っています。講師の先生のお話を聞いて、若いお母さんも巻き込み、幼児からの一貫した取り組みなどについても考えてみたいと思いました。すばらしい研修の場をありがとうございました。

里美の取り組みは、村あげての取り組みで本当にすばらしいと思いました。昨年よりまた取り組みが深まり、輪が広がりすばらしいと思いました。里美村の子どもたちは幸せだなと思いました。里美村の先生方や教育長さんは人間的にも心に魅力のある方たちなのだと思いました。

3. 朝の読書研究協議会の発展

研究協議会も設立以来4年がたちました。この間、大会を毎年開き、設立以前も含めると第6回を数えるにいたりました（2005年現在）。毎回、参加者は70名前後でしたので、のべ400人以上の方が参加したことになります。また実践記録集も第5集まで発行しました。その年その年の各学校の実践記録と課題などをまとめたり、大会での記念講演のレジュメや参加者の感想を載せました。

設立2年目には、里美幼稚園が加わり、村内の幼稚園から高校までのネットワークができ上がりました。それぞれ発達段階の違う子どもたちを教育している場ですが、「本と一生つきあうことができ、豊かな人生を歩んでもらいたい。そのためには、できるだけ長く読書指導を」という共通の願いでここまでやってきました。本校の女子生徒が、定期テストの午後に幼稚園に出向き、園児たちに読み聞かせをしています。決してじょうずな読み聞かせとはいえませんが、園児たちに聞いてもらいたいという熱意と真剣さがあります。そして、それを聞いている園児たちの表情を見て彼女は充実感を覚え、もっとうまく読み聞かせをしたいという意欲をわかせています。彼女の感想です。

図5-3　朝の読書研究協議会大会

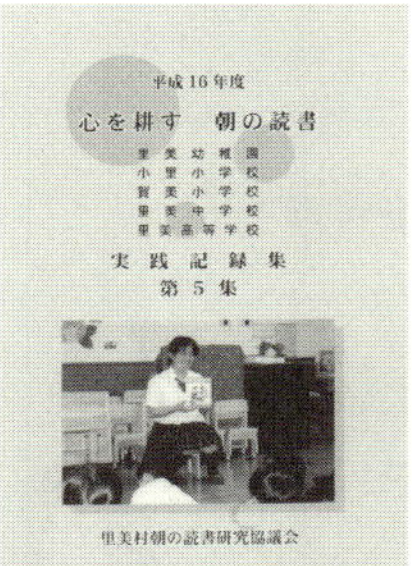

図5-4　朝の読書実践記録集

6月9・10日、里美幼稚園に「本の読み聞かせ」に行ってきました。一年のとき読者コミュニティネットワーク主催の「中学高校生のための読み聞かせ講座」に参加した経験がありました。そんなこともあり、テスト期間中を利用し、やってみることにしました。本の読み聞かせ……これから大人になっていく園児たちにとって、大切な時間だったと思う。そんな貴重な時間をいただいて、何とも言えない「責任感」を感じました。「しっかりやらなくちゃ!!」と思いつつ、少し不安がありました。テスト勉強もあったので、あまり練習できずに本番を迎えてしまいました。しかし、幼稚園を訪問すると、優しい笑顔の園長先生が、私を迎えてくれました。緊張ぎみの私に「来てくれるのを楽しみにしていました」とおっしゃってくれました。ほんわかうれしい気持ちになり、心の中にあった「不安」が「安心感」に変わった瞬間、何だか心地よいものを感じました。さらに、その後に会った園児たちの元気で、リラックスした気持ちになり、読み聞かせをすることができました。途中、つかえてしまった部分もありましたが、園児たちは、私の読み聞かせに夢中になって聞いてくれました。帰る時、園児たちが「バイバイ!」と元気にあいさつしてくれました。読み聞かせをやって、たくさんのパワーをもらうことができました。これからもたくさん練習して、いろいろなところでやり続けたいと思いました。

当初、協議会には予算がありませんでした。そこで、里美高校が村からいただいている補助金の中から支出していました。しかし、研究協議会の実績と、教育委員会の骨折りが、読書の重要性を認識していた村長を動かし、発足2年目からは村の予算がつきました。地道な活動が認められ、心からうれしく思いました。

読書運動は地味な活動です。運動や芸術のように、大会で優勝し派手に取り上げられるということはありません。何年か続けていくうちに、最初の熱意が消えてしまいがちになります。そこに、この研究協議会の値打ちがあると思います。「もうここまでやったからよいか」という緩んできた気持ちを奮い立たせ、「さらに充実した読書活動をしよう」とさせてくれるのが研究協議会です。里美高校は、現在でもすばらしい朝の読書を毎日展開しています。生徒は3年経つと巣立っていき、毎年新しい生徒が入学してきます。先生方も異動で変わります（始めたときにいた先生は、今では半分もいません）。しかし、ほとんどの生徒が毎朝本を読んでいます。里美村から常陸太田市にある高校に進学した生徒の感想です。

私は小学校から高校二年の今日まで朝読に取り組んできました。毎日10分間の短い時間ですが、継続する事によってたくさんの本を読む事ができ、本を読む楽しさを覚えました。空気も新鮮に感じられる朝、好きな本を読む事によって緊張した気分を程よくリラックスさせる事ができます。里美村は村をあげて読書に力を入れています。このように自然と読書に取り組める環境の中で過ごせた9年間は幸せな時間でした。小学校・中学校の図書室には多数の蔵書があり、読みたい本がたくさん揃っていました。ときどき、新しい本を見つけるために図書室に行くのも、みんなにとってとても楽しみだったと思います。現代は情報化社会であり、パソコンや携帯電話がなくてはならない時代になりました。こんな便利で忙しい時代だからこそ、ことばを使っての文化を大切にし、ゆったりとした気分で読書する事に大きな意味があると思います。朝の読書で得た「心の豊かさ」を私ばかりでなく、現代人の一人ひとりに伝えたい、そんなふうに思っています。

4．市町村合併と研究協議会の今後

これまで村一丸となってすすめてきた研究協議会ですが、2004年12月に4市町村が合併して新しい常陸太田市が誕生し、里美村はなくなりました。研究協議会の中心である村の教育委員会がなくなってしまい、会長である教育長は失職です。

読書コミュニティネットワーク代表の庄司一幸さんをはじめ、多くの方々から「なくさないように」という激励の言葉をもらいました。行政と学校・幼稚園が一体となって、しかも、会員みずからの考えで運営してきた全国のどこにも例を見ない研究協議会です。

村がなくなったことは研究協議会にとって危機ではなく、大いなるチャンスだと今では思っています。これまで地道に進めてきたことをさらに一歩進める機会が転がり込んできたのです。村立のすべてが市立になり、同じ市立の学校が何倍も増えました。高校の数も１校から４校になりました。こんなうれしいことはありません。今までの何倍もの多くの子どもたちに読書のすばらしさを教えることができ、心豊かで自信をもった人生を歩ませることができるのです。

図5-5　読み聞かせ講座（常陸太田市立図書館）

市内全部の学校・幼稚園がネットワークを組んで読書運動をくり広げることはむずかしいですが、わが研究協議会には今までの財産があります。それをもとに、今までと同じように一歩一歩自信をもって進めばいいと思います。私たちには読書を愛する多くの仲間がすでにいます。合併してまもない12月４日には、読書コミュニティネットワークと研究協議会の共催で、常陸太田市立図書館をお借りして、「中学高校生のための読み聞かせ講座」を開催しました。市立図書館の多大なる協力があったことは言うまでもありません。小中高生と大人の参加を合わせると50名近くになり、一日中熱気あふれる講座が展開されました。このようなことができるのも、研究協議会の今までの積み重ねがあったからです。

これから、いままで以上に多くの方々にご協力をいただき、「常陸太田市読書ネットワーク研究協議会」なるものを作っていきたいと思っています。最後に、大会参加者（高校教師）の感想です。

里美村は遠いと覚悟して、5時前に家を出たため早く着きすぎてしまいました。薄暗い駐車場でじっと待ちました。この研究協議会に参加しようと決意したのは、生徒たちの言葉が貧弱になってしまっているという感じがずっと続いていたからです。（…中略…）そして朝読2年目を迎えるにあたっては、導入を決めた時よりも反対意見が強く出されました。「朝の貴重な時間が無意味なものに奪われている」、「読まない生徒への指導ができていない」等です。読書の大切さは誰もが認める事であっても、それを学校で強制的にやらせる必要はないだろうとの考え方があります。そのような意見に出会っても、この取り組みが子どもたちには必要だと確信できるのは、研究協議会に参加した時の経験があればこそだと思っています。一心に本を読む姿を目の当たりにし、互いに持ち寄った確かな情報をもとに検討できた事は、私にとって大変貴重な経験でした。幼稚園から高校まで、村の教育機関が一つにまとまるまでには大変なご苦労があった事と思われますが、そのような取り組みに向かって努力される先生方に見守られる子どもたちは幸せです。そこに生まれる力が確かで力強いものだったからこそ、多くの学校がその力を頂いて、新たな取り組みを始められたのではないでしょうか（後略…）。

2

本による幼小と高校生の連携
――「九戸村地域子ども読書会25年の歩み」

神永利一（茨城県立里美高等学校教諭）

1．伊保内高等学校の概要

私の前任校であった伊保内高等学校は、盛岡市から北へ約87キロのところに位置する九戸村にあります。九戸村は、人口約7300人を抱える山間部の村で、6つの小学校（伊保内小学校、長興寺小学校、江刺家小学校、山根小学校、戸田小学校、宇堂口小学校）と中学・高校がそれぞれ1校ずつ設置されています。伊保内高等学校の現在の生徒数は154名、学級数は6、教職員数は27名です。約7割の生徒が村内から、残り3割の生徒が二戸管内から通学しています。本校は、就職希望の生徒が7～8割で、英語、数学では習熟度別クラス編成（標準・基礎コース）を行ない、少人数による授業を実施し、到達度に応じて学習に取り組めるよう工夫しています。また、二年生から就職コース（A類）と進学コース（B類）に分かれます。就職を希望する生徒には、商業科目が履修できるように配慮されており、簿記検定、ワープロ検定なども実施されています。進学を希望する生徒には、朝課外、放課後課外、学習合宿、添削指導等が行なわれ、生徒一人ひとりの進路に沿ったきめ細かい指導を行なっています。この他、全校生徒が漢字検定に挑戦するなど、自己の可能性を伸長させるような指導を年間を通して実施しています。

さらに、本校では、3月の高校入試合格発表の数日後、入学予定者全員を対象に、入学手続きから4月の入学式までの貴重な空白期間に国数英の課題はもちろんのこと、指定された本を読んで読書感想文の提出を求めています。現在は実施されていませんが、「新入生と読書」というタイトルで新入学生読書感想文集が発行されていた時期もあったようです。平成12年度からは、文学館訪問を行なっています。読書会に参加する生徒を対象にしていましたが、現在では総合的な学習の時間の一環として一年生が全員参加しています。石川啄木・高村光太郎・宮澤賢治の記念館を一日かけて見学します。また、平成16年度からは、ショート・ホームルーム前に行なっていた朝学習を10分間の「朝読書」に変えたことで、休み時間にも本を手にする生徒の姿が増えるようになりました。夏休みには全校生徒が課題図書を購入し、感想文をコンクールに応募しています。特に、全国青少年読書感想文コンクール岩手県大会では、平成14年度・平成15年度と課題図書の部門で2年連続最優秀賞を受賞しました。また、家庭科の授業の一環として、一年生は村内にある特別養護老人ホームを訪問し、異世代交流ならびにボランティア活動をします。そして二年生は、村内の保健センターで「乳児ふれあい体験」に参加し、日ごろから地域の方々と交流を深めています。地域の郷土芸能やお祭り、声の広報、手話教室といったさまざまボランティア活動へ積極的に参加する生徒たちが大勢います。

この長年の読書推進活動が実を結び、平成12年度「豊かな心を育む読書推進事業」の優秀実践校として文部大臣表彰、平成13年度野間読書推進賞（団体の部）、内閣府より平成16年度善行青年及び青少年健全育成功労者表彰など受賞し、新聞、テレビ、ラジオ、各地域の教育振興運動集約集会などを通じて県内だけなく全国的に子ども読書会活動が広く紹介されるようになりました。子どもたちの家庭でのひとり遊びや活字離れが増加し、野外でのさまざまな体験活動や異年齢間の交流が不足してきていると感じられる中で、伊保内高校では宮澤賢治の童話の読み聞かせや九戸村の民話の紙芝居の実演など、自主的なボランティア活動が、子どもたちの読書への関心と郷土への理解を深めるとともに、小学生と高校生の交流を促進する活動として四半世紀にわたって続けられています。

2. 地域子ども読書会の歩み

伊保内高校の「九戸村地域子ども読書会」は平成17年1月で25回目を迎えました。「学校図書館」の昭和59年1月号にその当時の様子が具体的に掲載されています。本校の図書館報「瀬月内」の昭和58年度第8号にも抜粋された内容がありました。発足して4年目にまとめられたものです。まさに現在も引き継がれている原点がここにあると感じましたので、以下紹介します。

地域子ども読書会の主題

◎子どもたちとともに本を読む喜びや楽しさの輪を広げよう。

①友だちとともに読む、話す、書く、聞く会を組織し、皆で進んで楽しむことを工夫し、心を豊かにしよう。

②子どもたちとの交流の輪を広げ、地域とのつながりを深めよう。

③余暇の社会的意義について認識を深め、積極的な読書活動への路を開こう。

◎指導上のねらいと方針

①読書態度の育成…作品を読み鑑賞能力を高めるとともにものの見方、感じ方、考え方を深め、進んで読書する態度を育成する。

②自主性の育成…読む・聞く・話し合う活動を通して、基礎的な学力、自主的学習態度、生徒の創造性を育成する。

③社会性の育成…役割分担を決め、実践活動を通して、義務と責任などの社会性を育成する。

④指導性の育成…高校生は地域において、子ども会のリーダー的役割を果たしえるという自覚と自信を深めさせる。

⑤地域社会における連帯感の育成…高校生も地域社会の構成員の一人であるという観点から、

地域社会の活動に抱活することによって、地域社会の形成者として自覚と連帯意識を育成する。

⑥校内の共通理解と統一ある指導体制の確立…生徒の読書活動が円滑に行なわれるよう国語科、家庭科、図書課、進路課、第三学年会の共通理解を深め、プロジェクトチームを作って指導体制を確立する。

⑦地域との連帯体制の確立…地域の児童生徒の健全育成という学校目的を達成するために、学校と地域は共通理解をもち、連携を深める。

⑧地域との連携と学校の主体性を確立…学校は学習活動の充実を期して、生徒の社会参加を率先して組織する。

⑨地域の協力体制の確立…地域は新しい社会参加の活動を積極的に受け入れるとともに、次代を担う後継者育成の観点から協力体制を確立する。

このように、具体的にきめ細かく主題やねらい・方針が当初から明らかにされていたことが、村の教育委員会を動かし児童生徒だけなく地域の方々や教職員にも受け入れられ継続されてきた要因だと思われます。

第1回目は昭和56年1月、当時の国語科教諭八重樫哲先生の発案で、就職の決まっていた三年生女子生徒46名が集い、3班に分かれ村内の6会場で小学生150名が参加し実施されました。その時、八重樫先生は、戦後の混乱の最中、小学校六年生のときに担任から宮澤賢治の童話「やまなし」を読んでもらい感動した自身の体験から、本当の名作に出会い感動する体験が必要だと感じ、身近な宮澤賢治の童話を取り上げて題材とされました。また、県外に遠く就職する女子生徒たちに自信をもたせたい、活動や実践を通して充実感、連帯感を感じ、小さい子どもを可愛がり、いたわる優しさなどを育成したいと願いながら取り組まれました。授業の中でも宮澤賢治を扱ったり、放課後も10時間ほど準備をさせたりしながら、一方で小学校との連絡調整も行ないこの活動を進められたそうです。内容は、「やまなし」の読み聞かせと、九戸村に古くから伝わる民話「オドデ様」の自作紙芝居の実演で、子どもたちから大好評を得ることになりました。第1回目の会場は、村内で一番遠い小学校で開催され、行きは各自路線バスを使い、帰りは40センチを越える雪道を10キロ以上も数時間かけて歩いたりしながらの参加だったそうです。読み聞かせのテキストは、現在のようにパソコンで編集するのではなく、一枚一枚ガリ版刷りで刷り上げる、根気のいる作業でした。そうした苦労の甲斐あってか、翌昭和56年度には九戸村教育委員会、村内の小学校、九戸村子ども会育成会の三者による協力体制ができあがりました。さらに昭和57年度には中学生も参加し、24会場で実施されるようになりました（現在は22会場で開催されていますので、かなり早い段階で村内の協力体制ができ、地域の公民館などを有効に活用して実践されていたことがわかります）。その後、昭和60年には「ボランティアスクール」が開催され、かつて各家庭や公民館に寄り集まって作った紙芝居やカルタを、合宿を通して組織的に作り、子どもたちと行なうゲームやレクリエーションの指導も受けられるようになりました。自作「啄木カルタ」をはじめ、翌年には村の高齢者学級と連携をとり、古老による語りが取り入れられました。昭和62年度から平成2年度にかけて自作の影絵も取り入れられるようになっていきます。また、平成7年に九戸村の自然や歴史、生活文化を後世に伝え、村のよさを紹介しようと高齢者大学で制作した「九戸カルタ」が使われた時期もあります。「さくらさく／くのへれいさい／くびづかもうで」「ししまいに／かぐらえんぶり／とらもう／むらまつり」といったカルタです。当時の高校生は今では母親となり、現在はその子どもたちが本校へ入学し引き継いで活躍しています。ここ数年は新聞やテレビの取材も毎年のように行なわれ、同窓生の間にも読書会が継続されていると知られるようになったと聞きます。伊保内高校生による地域子ども読書会は、25年という長い間、村の人々に温かく見守られ、村の恒例行事の一つとして定着しています。

　このように九戸村地域子ども読書会が地域の恒例行事として定着した理由としては、九戸村教育委員会を中心に高校と九戸村子ども会育成会連絡協議会の連携が図られるとともに、九戸村社会福祉協議会・九戸村教育振興運動協議会・村内の小学校による地域の緊密な協力体制が形成され役割分担が浸透していること、日常的な活動ではないこと（実施日が2日間と短く準備する活動期間も限られていること）、読み聞かせ・紙芝居・レクリエーション活動に内容を絞っていること、活動経費の多くを村が負担していることなどがあげられます。本校の生徒は、必ず部活動と委員会に所属しなければなりませんので、なかには生徒会など複数を掛け持ちする生徒も多くいます。また読書会で中心的な役割を果たしていく生徒は部活動でも中心的な存在であることも多く、自主的なボランティア活動である読書会に参加するかどうかは、あくまでも担任をはじめ顧問の許可が必要となります。それでも、年に1回の村をあげての行事として先輩からの伝統を絶やさないために生徒たちは前向きに取り組んでいます。なお、九戸村教育委員会、九戸村子ども会育成会、九戸村社会福祉協議会、九戸村教育振興運動協議会、学校の具体的な役割分担としては、教育委員会はボランティアスクールから実施の当日まで実施計画を作成し、関係団体との連絡調整や移動バスの提供などを行ないます。子ども会育成会は、会場の確保や準備、子どもへの連絡調整を行ない、当日もお母さんたちが参加して子どもたちのためにおやつなどを準備しながら活動の様子を見守っています。社会福祉協議会・教育振興運動協議会は、経済的な支援を中心にこの活動を共催します。そして高校は、参加生徒を募集し生徒の指導や教育委員会と調整を図り、当日のお弁当の手配や取材の対応を村と協力しながらやります。当初、就職の決まった一部の女子生徒の活動から始まったこの活動も、まもなく全女子生徒を対象に募集するようになり、しだいに生徒会役員や図書委員会も含めた活動へと発展し、第18回からは全生徒から参加者を募集するようになり、活動の規模を広げてきました。現在では、毎年50名前後の生徒が参加し、男子生徒の参加数は女子生徒を上回ります。かつて小学生として読書会に参加した高校生が、聞かせる側となることで自分たちの体験からさまざまな工夫が生まれ、手が加えられてきたことも息の長い活動として現在に至っている理由の一つにあげられます。

3. 現在の活動状況

九戸村地域子ども読書会実施の手順は次の通りです。10月中旬に参加する生徒を募り、11月下旬から12月中旬の間に「ボランティアスクール」として、岩手県立県北青少年の家で一泊二日の合宿を行ないます。活動内容は、読み聞かせの練習やレクリエーションの研修、読書会で使うカルタや紙芝居の作成です。時間に余裕があれば、スケート場やプラネタリウムを使用させていただくこともあります。平成16年度は12月16・17日に実施され、全校生徒の約三分の一にあたる60名の生徒が参加し、盛り上がりを見せました。ボランティアスクールのあとも、班ごとに放課後などを利用して準備を進めていきます。ある男子生徒は「むずかしいと思ったのは、一枚の絵でその場面を表現することです。要点をつかんで、それを絵にするのはとても大変な作業でした。構図や色合いにも

図5–6　ボランティアスクール

気を配りながら仕上げていきました。小学生のときの読書会では見る方だったので、高校生の人たちの苦労は全然わかりませんでしたが実際にやってみてわかりました。次に感じたことは読み聞かせのむずかしさです。私たちはつい、いつもの調子で読んでしまうので、話が単調になりがちです。でも三年生の班では自分たちのアレンジでユーモラスにしていました。そういうところは見習うべきだと思いました」（「瀬月内」第25号より）と語っています。冬休みに入り、年初めの2日間に地域子ども読書会が実施されます。平成16年度は、1月6・7日の2日間にわたり午前と午後に分けて村内の22会場で実施されました。内容は、宮澤賢治作品の読み聞かせ・九戸村の民話紙芝居・自作昔話カルタ・高校生の企画によるレクリエーションです。参加児童は370名にのぼりました。生徒たちも「私たちが進んでやらないと小学生はついてこないんだ」とレクリエーションの段取りや時間配分を工夫します。ボランティアスクールで学んだこと、ゲームの説明をするときは、「あまり長すぎず、むずかしすぎず、わかりやすく説明する」ということを思い出しながら、1回目より2回目と経験を重ね、たくましく成長していきます。担当の先生は、当日は、発言を控え生徒自身に任せています。多くの会場に足を運び、声をかけながら、けがや事故のないように注意を払います。高校生が住んでいる同じ地域では小学生も親しみやすく、すぐにとけ込み活動がしやすいといいます。なかには、弟や妹が来るから他の地域に行きたいという生徒もいます。高校生もふだんは幼い頃から知っている近所の小学生を相手に、この日ばかりは高校生として少し大人になったような気持ちで取り組みます。苦労することがあってもお別れのときに、「ありがとう。また来てね」と言われると、また来年も参加したいという気持ちにさせてくれるのが読書会です。高校生にとって他者から信頼され頼りにされる経験が、思いやりやいたわりの心を育んでいるのではないでしょうか。

図5-7 「読み聞かせ」の様子

小学校の頃に、高校生が自分たちに本とか紙芝居を読んでくれたり、一緒にカルタをしてくれる行事が冬にあると先生から聞かされたことがありました。自分はかなり人見知りをする方なので、そういうことに参加するのはあまり好きではありませんでした。高校生になり人見知りもしなくなるとボランティアスクールに参加するのがなんだか楽しみになり自分もやってみようと思いました。おんぶしたり肩車したり、抱っこしたり、鬼ごっこしたりして楽しかったけどとても疲れました。

紙芝居をした後で感想を聞くと、すぐに返事が返ってきました。一言でも自分の意見・感想を持ちそれをすぐに発言できるのはとても立派なことだと思いました。

このような生徒たちの感想からも、かなり真剣に体を張って取り組んでいる様子がわかります。
また児童の感想には、

きんちょうしたり、すごく気にしたりで、なかなかへやに入れなかったけど、思い切ってとびらをあけてみました。そしてすみにすわって、お話をきかせてくれる人たちをまちました。お話をきかせてくれる人は、いぼない高校の人たちでした。まずはかみしばいでした。内容は、オドデ様の話でした。何回もきいたとはいえ、絵はおもしろいし、声もちがうからきいてよかったなあというかんじでした。次は、【カエルのゴムぐつ】というお話でした。はじめてきくので少しワクワクしてきます。本までついてきて、ちょっと分かんないところをもどってみたり、絵があったのですごくそうぞうがしやすくて、本はべんりでした。お話もいいおはなしで、オドデ様の話もそうだけど、読む人が分かれてでききやすくてよかったです。その後にやったゲームも、そのゲームのおかげでみんなと少し、なかよくなれた気がしました。ゲームのあいだで、【次はなにやろうか？】と聞いてくれたことが一番うれしかったです。

（以上、「瀬月内」第25号より抜粋）

といった声もありました。

最終日には特別養護老人ホーム折爪荘へも慰問を行ないました。折爪荘では、紙芝居だけなく、もちつきなどお正月の行事や施設の方々が企画した内容も取り入れながら行ないます。また、平成11年度からは社会福祉協議会が主催して福祉センターデイサービス利用者や入所者を対象に「ふれあい読書会」も実施しています。小学生を対象とした活動とはひと味違った表現や工夫が要求されますが、特に文字の大きさや声の大きさには気を遣います。小学生用にはA４サイズで作成した読み聞かせのテキストを高齢者用にB４サイズまで拡大し読みやすいようにしたり、いつもよりさらに「なるべくゆっくり、なるべく大きな声で読み上げること」を心がけたり感情を込めて読んだりと、読み聞かせや紙芝居の原点に立ち返るような新たな発見があるようです。「お年寄りが話されたことが聞き取りにくかった。老人ホームで働く人の苦労とかがわかった」「すごく楽しそうで、しかも若返って見えた。懐かしんでおられるようだった」「年の差があるからこそ、見方や考え方も、感覚や価値観も違う。交流が深まれば新しい発見が生まれると思う。また、一人暮らしのお年寄りなどは、人とふれあういい機会になると思う」等が生徒の率直な感想です。高校生側からの発表だけでなく高齢者の方々との対話や地域の方々とのかかわりあいの中から多くのことを学んだり、昔の遊びを教えてもらったりと生徒の側も得ることの多い有意義な活動になっています。

4．今後の課題と展望

平成16年度で25回を迎え、順調に発展してきた地域子ども読書会ですが、今後の活動を考えるうえでいくつかの課題があげられます。

ひとつは読み聞かせのテキストです。ほとんどの小学生は6年間毎年子ども読書会に参加してくれます。できるだけ過去6年間に取り上げられなかったものを意図的に選定し、準備を進めてきました。読み聞かせの内容にあった表紙の色やデザインを考え、内容にも工夫を凝らし、最近ではページにイラストを入れたり漢字にふりがなをつけたり、わかりやすい表現や言いまわしに直したりと絵本のようなテキストになっています。担当する先生は、参加する小学生と高校生が一緒に楽しみながら興味・関心をもって過ごせるように配慮しながら、事前指導や準備の方向性を夏休みごろまでに決めることで生徒の意識の高揚に努めています。読み聞かせのテキストを児童に配付しない方がよいのではないかといった意見もありますが、内容がむずかしいと感じたりあきさせない工夫

図5-8　読み聞かせテキスト

を今後も重ねると同時に、読書会の準備が生徒の負担にならないよう配慮する必要があります。

次に、募集人数です。これまで50名前後で募集をしてきました。毎年参加する生徒もいるため74名に達した年もありました。この活動が開催された当初は全校生徒３３４名、学級数９でしたが、現在ではその約半数近くまで生徒数が減少しています。

また、三年生は、進路が内定した生徒が参加できるという発足当時と変わらない原則が継続されています。しかし、高校卒業者の就職が厳しいなか、管内や県内への就職を希望する三年生も多く、子ども読書会の募集をする時期になっても進路が決定しない生徒が増えてきました。一・二年生の参加はもちろん歓迎されるべきですが、学年に参加者が偏ると授業や部活動への影響が懸念されます。これまで班編成するときには、男女の人数バランスや経験のある三年生を加えるなどの配慮をして取り組んできました。生徒の自主的・創造的活動を最大限尊重しながら、有意義な世代間交流ができるような体制づくりが今後の課題として考えられます。

図5-9 「ふれあい読書会」の様子

高校生は、子どもたちの笑顔を見ることやふれあいを深めることを楽しみに秋の終わりから年末の数日間を費やして準備を進め活動を行ないます。なかには、この九戸村地域子ども読書会の実施日程に合わせて、近くの幼稚園や高齢者を対象とした催し物を同一会場で開催するなど、大きな活動の輪が形づくられている地域もあります。参加された小学生の保護者からは「寒い中、各地での活動ご苦労様でした。子どもたちは楽しいひとときを過ごし、嬉しそうに帰ってきました。核家族化が進み、お年寄りとふれあったり昔話を聞く機会も少なくなったような気がします。紙芝居や読み聞かせはとても素晴らしい取り組みだと思います。戦前・戦後の子供時代を過ごし、本を読むことの少なかった地域のお年寄りにも宮澤賢治の童話を聞かせてあげられたらいいなと思いました。これからのご活躍を期待いたします。ありがとうございました」（「瀬月内」第25号より）

といった感想が寄せられ、世代をつなぐこの九戸村地域子ども読書会は、幼少から本に親しむ貴重な体験ともなり、また地域の絆や活性化にも大切な役割を果たす活動となっています。宮澤賢治

「雨ニモ負ケズ」の詩の最後に、「ホメラレモセズ／クニモサレズ／サウイウモノニ／ワタシハナリタイ」とあります。こうした精神が、九戸村民一人ひとりの心に深く浸透しているからこそ高校生による「九戸村地域子ども読書会」が継続されてきたのではないでしょうか。

子ども読書会の当日は、冬休み中の課外や部活動の合間に担当以外の先生方も最寄りの会場に足を運んで声をかけたり様子を見てみたりと興味・関心をもってくださいます。生徒たちの悪戦苦闘している姿や無邪気に笑顔で接している様子を通してふだんは見えない生徒の一面を知る機会にもなり、あらためて教職員の側面からの支援も大切だと実感しました。

この執筆にあたり、九戸村教育委員会をはじめ八重樫哲先生や教職員、卒業生、ご父兄の方々、地域の方々などさまざまな関係機関にご支援ご協力をいただき感謝申し上げます。

杉沢節子（岩手県立盛岡商業高等学校教諭）

3 地域に読書コミュニティを作り出す高校生

1. 緊張し、ドキドキしたが

私が、「エクテ・モア」のことを知ったのは、昨年（平成11年）の春です。友だちから「エクテ・モア」に入らないかと言われ、すぐに「やります！」と返事をしました。本を読むのが好

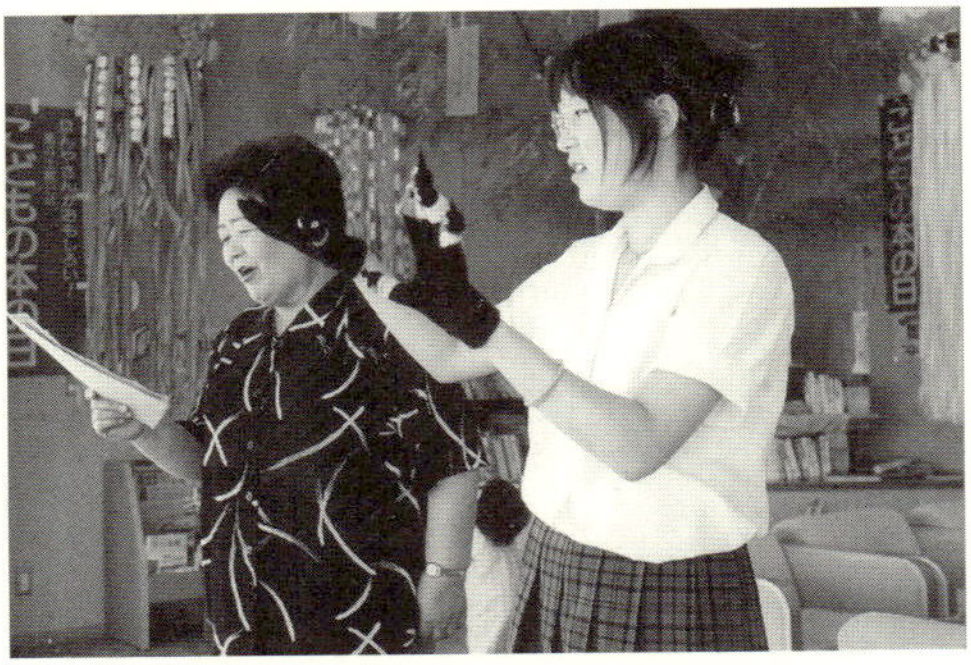

図5-10　飯舘村で手袋シアターを演ずる渡部有美さん

きなので、いろんな人に、本を読んであげることによって、本の楽しさを知ってもらえたらと思って、「エクテ・モア」に入りました。（…中略…）

これまで活動したなかで、一番印象に残っているのが、飯舘村（福島県相馬郡）で行なったものです。会場の「ほんの森いいたて」は、とても大きく、キレイだったので、とても驚きました。とても緊張し、しばらくドキドキしていました。

しかし、読み聞かせが始まり、子どもたちが集まってきて私たちの目の前で真剣に話を聞いてくれる姿を見たら、緊張もなくなり、とても楽しくできたと思っています。読み聞かせを終えたときに、話を聞いてくださった方々から、拍手をしてもらい、とてもうれしくなりました。

また、次回も読み聞かせをして、たくさんの人に喜んでもらいたい、という気持ちになり、その後も、何度も読み聞かせ活動をしています。


これは、福島県立石川高等学校の読み聞かせボランティアグループ「エクテ・モア」のメンバーのひとりであった渡部有美さんが活動の感想について書いてくれたものです。読み聞かせ活動の楽しさが卒直に語られています。

読み聞かせ活動の原動力は、子どもたちの笑顔や拍手であり、地域の人々や子どもたちとのふれあいにあります。人に喜んでもらえること、地域のために自分にもやれることがあるんだという充実感が、活動を支えているのです。

渡部さんは、「エクテ・モア」の創設期のメンバーのひとりで、「今までみんながやったことがないことをしてみたい」というチャレンジ精神にあふれた生徒でした。読み聞かせのなかに、手話や手袋シアターを取り入れてくれたのも彼女でした。

2. いつでも、読みたい本を

「エクテ・モア」が誕生したのは、荒れていた学校を改革するために導入した全校一斉の「朝の読書」が効果をあげ、生徒たちが変わり、学校が変わりはじめた1999年3月のことです。「朝の読書」で読書の大切さを知った生徒たちが、地域の子どもたちに本の楽しさを知ってもらおうと始めたものです。そして、私はこの活動を通して、これまで地域のお荷物的存在であった学校や生徒に対する評価を変えるきっかけになることを密かに期待していました。

「エクテ・モア」（Ecoutez moi）とは、フランス語で「私の話を聞いてください」という意味です。名づけたのは、「エクテ・モア」の初代代表の佐藤和幸君です。

当時、私は図書館長として司書室に常駐していました。石川高校の学校図書館は生徒昇降口の右隣というたいへん恵まれた場所にありました。しかし、司書が病気で長く休んでいたために、図書館は閉じられていることが多く、たまに開いていても開店休業の状態でした。

そこで、私は「朝の読書」で読む本を借りる生徒のために、午前7時20分より開館することにしました。本の貸し出しは、図書委員の生徒が自主的にあたってくれました。私が司書室にいるいないにかかわらず、常に図書館を開けているようにしました。出張のときも生徒に頼んで図書館を開館していました。私が病気になり手術のために入院していたときには、図書委員の生徒たちが教頭先生と話し合い、自主的に図書館を開館してくれ、いつでも読みたい本を借りられるようにしてくれていました。

その話を聞いて、私は病室でうれしくてたまりませんでした。これこそ、私がめざしていた図書館だと感激しました。こうして、図書館には生徒があふれ、司書室はよい意味で生徒のたまり場になっていきました。佐藤君は図書委員ではありませんでしたが、休み時間になると、クラスの図書委員の生徒とよく司書室に顔を出してくれました。彼が本を読むようになったのは、高校に入り「朝の読書」に出会ってからです。彼は読書が楽しくてたまらないようで、今どんな本を読んでいるかとか、お薦めの本は何かとか、私に話しかけてきました。そのうち、彼がボランティア活動にたいへん興味をもち、さまざまなボランティア活動に積極的に取り組んでいることがわかってきたので、私は彼に読み聞かせグループを作り、地域で活動をしてみないかと相談をもちかけてみました。さっそく、佐藤君は仲間によびかけグループを結成してくれました。こうして、読み聞かせボランティアグループ「エクテ・モア」が誕生したのです。

彼はこのときの気持ちを「高校生は地域の人たちと接する機会が少なく、地域の中で〈浮いている〉気がしていた。高校生活も最後だし、何かできないかと考えていたところだったので、〈これだ〉と思った」と、語ってくれました。

こうして、「朝の読書」で読書の大切さを知った生徒たちが、地域の子どもたちに本の楽しさを知ってもらおうと始めたのが読み聞かせ活動でした。この生徒たちを行動に駆り立てたのは「地域のために役立ちたい」という純粋な気持ちと「いつでも、読みたい本を」という学校図書館を運営していくなかで培われた自立的な精神でした。

3．活動の場は、閉店後の銀行

「エクテ・モア」の活動の場は、東邦銀行石川支店と中谷地区公民館、そして、郡山市にある八重洲ブックセンター郡山支店でした。銀行を活動の場所に選んだのは、石川町には町立図書館がなく、町の中心に子どもたちを集めることができる適当な施設がなかったからです。

私が銀行に支店長を訪ね、活動の場として使わせてもらえないかとお願いしたところ、岡田哲二支店長は「昔は親が子どもに本を読んで聞かせたもの。地域貢献・文化向上の一環として協力しましょう」と快く応じていただき、渡辺光明副支店長を担当者に任命してくれました。

こうして、1999年9月22日午後4時、銀行でのはじめてのお話会がスタートしました。銀行の入口には行員手作りの看板が設けられ、行員の方も一緒に読み聞かせをしてくれるなど、銀行側は全面的に協力してくれました。最初のころは、ATMコーナーに来たお客さんが、銀行が開いているということで窓口にやってきたりしましたので、銀行にだいぶご迷惑をおかけしましたが、銀行でのお話会は世間の耳目を集め、新聞はもとよりテレビ局もしばしば取材に訪れ取り上げてくれましたので、地域の人々の学校や生徒をみる目は一変しました。

図5-11　「エクテ・モア」による銀行でのお話会

この銀行でのお話会は、毎月第3水曜日の放課後に行ないました。開催日が近づくと、佐藤君など「エクテ・モア」のメンバーが銀行を訪ね、渡辺副支店長さんと入念な打ち合わせをし、銀行で用意してくれたお話会の案内のチラシを、生徒たちが手分けして、小さな子どもがいる家々に配ってまわりました。私が感心したのは、生徒たちがいつもお話会に来てくれる子どもたちの家に印をつけた地図を作っていたことです。

渡辺さんは、「本は無限の可能性と未知への体験、そして創造を与えてくれます。また、読む人を考えさせ、感動させてくれます。今、本離れ、活字離れが叫ばれています。そんななか「エクテ・モア」グループのみなさんは、実に生き生きと活動し、その柔軟な感性は聞き手をとりこにしてしまい、私たち銀行員としても、学ぶところがたくさんあります。たいへんすばらしいことと感心しています」と、「エクテ・モア」の活動に理解を示し応援してくれました。

4. 地域のお兄ちゃん・お姉ちゃん

ある日、「エクテ・モア」のメンバーの一人である市川美樹さんが司書室に顔を出し、「町を歩いていると、子どもたちから、「次のお話会はいつやるの」とか、「この間のお話とてもおもしろかったよ」と声をかけてくるんです」とうれしそうに話をしてくれました。そこで、他のメンバーにも聞いてみると、同じような体験をしていました。子どものお母さんからも「がんばってね」とあいさつされることもあったそうです。

「エクテ・モア」の活動は、地域の子どもたちに本の楽しさを知ってもらおうと始めたものです。そして、私はこの活動が地域の人たちの学校や生徒を見る目を変えるきっかけとなることを期待しました。そして、その期待通りになりました。

それればかりではありません。私は「エクテ・モア」の顧問として、生徒たちと活動をともにしていくなかで、この活動が生徒たちの心を育て、人と人との絆の大切さについて学ぶ場になっていることに気づきました。

それは、「朝の読書」の根幹をなす①みんなで読む、②毎日読む、③好きな本を読む、④ただ読むだけ、という4原則が、自由な読書活動を展開する手かせ足かせとなり、時にはその妨げにもなり得ることがわかりはじめた頃でした。「朝の読書」は読書へのきっかけとしてはすばらしいが、教師が生徒たちに毎日好きな本をただ読ませているだけでは、生徒たちがどのように読みを深め、みずからの心を成長させているかを知ることはできないと感じました。

生徒たちは、読み聞かせ活動に取り組むことによって、子どもたちに読んであげたい絵本を探したり、絵本の内容をどのように伝えたらよいかなど、工夫することを楽しんでいるようでした。

このように、彼らは、これまでの本を〈読む〉という世界から、本を〈語る〉という表現する世界へと入ることによって、選書力をつけ、読みを深め、表現力を豊かにし、地域の人々や子どもたちとのふれあいを通してコミュニケーション能力の質を高めていったのです。そして、ともに楽しみはぐくみ合うことの喜びを実感し、地域の人のために役立っているという充実感、地域のために自分たちにもできることがあるという自信と誇りをもつことができました。

読み聞かせ活動で大切なことは、絵本をじょうずに読むことではなく、聞き手の子どもたちの心を解放してあげ、楽しく聞くことができる雰囲気を作り、子どもたちとコミュニケーションを図ることなのです。

「エクテ・モア」は、中谷公民館でも毎月1回土曜日に、お話会を開催しました。この公民館には体育館が併設されていましたので、生徒たちは、お話会の前後に子どもたちとドッジボールをしたり、鬼ごっこをしたりして交流を図っていました。この交流は自然発生的に生まれたもので、まさにこの活動がめざしたものです。地域の子どもたちにとって、「エクテ・モア」の生徒たちは、まさに地域の〈お姉ちゃん〉、〈お兄ちゃん〉となったのです。

図5-12　子どもたちとドッジボールで交流を図る生徒たち

２０００年7月、私は「エクテ・モア」から大きなプレゼントをもらいました。それは、第49回読売教育賞最優秀賞の受賞です。福島県の石川町で始まった高校生の読み聞かせ活動が、大きな可能性を内包した取り組みとして認められた瞬間でした。

私は、「エクテ・モア」の活動を『図書館報』に取り上げ、残すことにしました。そして、これらの『図書館報』をもとにまとめたのが『朝の読書』（庄司一幸、歴史春秋社）だったのです。

5．心を育て、人の絆をはぐくむ豊かさ

「エクテ・モア」の、開催したお話会は、76回にのぼりましたが、私が福島県立あさか開成高等学校に転勤してからは、活動の回数が少なくなり、２００３年3月に4年間の活動を終えました。

「エクテ・モア」は生徒たちの自主的なボランティア活動として始まりました。そのため、私は校長と相談して、生徒の自主性を尊重し、自由に活動できるようにするために、愛好会や部にしないことにしました。また、生徒たちもそれを望みました。しかし、生徒たちの自主性だけが頼りの活動にはおのずと限界があり、「エクテ・モア」が活動を終える日がやってきました。

しかし、それは新たな活動の始まりとなりました。私があさか開成高校で始めた「10分間読書」

図5−13　図書館報第27号

図5−14　図書館報第28号

朝の読書

のなかで「エクテ・モア」の活動について話をしたのがきっかけとなり、読み聞かせボランティア部「オイガ」が誕生したからです。

「エクテ・モア」は、郡山市にある八重洲ブックセンター郡山支店でのお話会で「オイガ」と一緒に活動することによって、「オイガ」が自立する手伝いをしてくれました。

その中心的な役割を果たしてくれたのが、私が転勤したあと「エクテ・モア」の活動を指導してくれていた「エクテ・モア」のOBの永田浩之君やOGの市川美樹さんでした。こうして、「オイガ」は「エクテ・モア」から読み聞かせ活動のノウハウを学び、「エクテ・モア」の活動を引き継いだのです。永田浩之君は、いつも私に「エクテ・モア」をいつか復活させたいと熱く語ってくれます。

図5−15　李さんと「オイガ」による韓国の民話の読み聞かせ

「オイガ」とはスペイン語で、「耳を傾けてね」という意味です。本校にはスペイン語講座がありますので、スペイン語担当の先生に「耳を傾けてね」という言葉をいくつかあげてもらい、部員と相談しこの名前に決めました。

この本の編者である東京大学教授秋田喜代美さんは、かつて石川高校や中谷公民館を訪れ、「エクテ・モア」の活動をご覧になり、その意味について、次のように言われています。

石川高校の読書をめぐる取り組みは、これまでの学校教育や大人達、そして高校生たちが「見失っていたもの」を、読書環境を変えることで、「見出すことができること」、「今の学校や高校生は世のなかの人達がいうように捨てたものではなく、創意と善意によって変わる可能性をもつこと。そして高度情報化社会においても本を通し顔を見あわせられるコミュニケーションが心を育て人の絆を育む豊かさをもっていること」を現実に示していると思っています。

（『図書館報』第27号、２０００年2月、石川高校図書館発行より）

「エクテ・モア」が始めた地域での読み聞かせ活動は、「オイガ」に引き継がれ、音楽とのコラボレーションによるお話会や在日外国人との絵本の読み聞かせ、さらに絵本を英訳しフィリピンに贈る活動へと発展しています。また、この「オイガ」の取り組みは、第7回と第8回のボランティア・スピリット賞（プルデンシャル生命・ジブラルタ生命主催）の連続受賞という形で、社会的に評価されています。

このすばらしい生徒たちの活動を全国に広めたるために、私は読書コミュニティネットワークを組織し、読書コミュニティフォーラム全国大会を開催してきました。このフォーラムでの読書コミ

図5‒16　大会史上最高の3日間で4000人を集めた第6回大会

ユニティとは、次代を担う中学高校生が地域に出て読み聞かせ活動を行なうことによって生まれる地域コミュニティのことです。

「読書で元気なまちづくり」をスローガンに、これまでゲストとして松居直さん、河合隼雄さん、谷川俊太郎さん、灰谷健次郎さん、大村はまさん、鈴木健二さん、猪熊葉子さんなどをお迎えし、福島県を中心に毎年開催してきました。

この大会の最大の特徴は、読書に関心のある一般の方々が、自由に参加することができる点にあります。

2005年からは、中学高校生の読み聞かせ活動の普及拡大を図るために、読書ボランティア大賞を創設しました。そして、大賞を受賞したグループ・個人には、読書コミュニティフォーラム全国大会の場で、表彰式を行ない、活動内容について発表してもらい、中学高校生の読み聞かせ活動を普及させ、読書コミュニティづくりを推進する起爆剤にしたいと考えています。この全国大会は、文部科学省、福島県教育委員会をはじめ47都道府県教育委員会の後援を得て、2005年も8月19日、20日に福島県文化センターで第8回大会を開催する予定です。そして今後もこの読書コミュニティは継続開催していきたいと考えています（詳しいことは、読書コミュニティネットワークのホームページ（http://www.h2.dion.ne.jp/~booklove/）に掲載してあります）。

「朝の読書」の普及拡大と地域で一生懸命読み聞かせ活動する「エクテ・モア」の活動を全国に紹介したいとの考えから始まった読書の全国大会でしたが、開催を重ねるにしたがい、「読書コミュニティ」の普及拡大へと大会の主旨が変化していきました。

そしてそのことを、進める意味合いから志を同じくする読書コミュニティネットワークのメンバーと一緒にまとめたのが、『朝の読書から読書コミュニティを創る』（読書コミュニティネットワーク編、明治図書）だったのです。

なお、全国大会の様子については、ビデオテープやＤＶＤに残すとともに、毎回大会報告書を作成しています。

庄司一幸（福島県立あさか開成高等学校教諭）

図5−17　第６回読書コミュニティフォーラム全国大会報告書

図5−18　第７回大会報告書

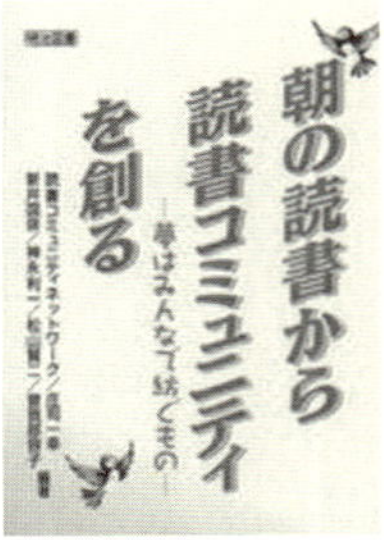

朝の読書から読書コミュニティを創る

2節　本で世界が見えてくる

1. リブロシェラマドレ　――絵本を通して世界と結ぶ

「リブロシェラマドレ」。

これが、福島県立あさか開成高等学校の読み聞かせボランティア部「オイガ」が、英訳した絵本を贈っているフィリピンの子ども図書館の名前です。「リブロ」とは図書館のことで「シェラマドレ子ども図書館」ということになります。

この図書館に行くには、フィリピンの首都マニラからジプニー（フィリピンの乗り合いバス）で山中の悪路を一日中走り、ようやく着くことができる村から、さらに3つの川を越えた山間僻地の村ライバンにあるのが「リブロシェラマドレ」なのです。この地域には電気もガスもなく、住民のアグタという山岳少数民族の人たちは満足な生活手段もないまま貧困にあえいでいます。

この地域に目を向け、学校を建て、教師の給料を負担するなどの教育援助を長年続けているのが、海外教育支援協会（ＪＯＥＳ：本部埼玉県、金子仁郎理事長）という団体です。協会では10年ほど前から、タガログ語訳の絵本を贈っています。4年前に、日本のある財団の支援を受けてできたのが、「リブロシェラマドレ」なのです（図5－19）。館長には高校を卒業して間もないリサさんがなっています。蔵書は現地購入の本を合わせて９００冊ほどあります。この図書館には地域の小学校から子どもたちが集まってきます。また、噂を聞きつけて遠くの村からも手弁当でこの図書館へやってくるそうです。

13歳のレア・チカさんの「私たちの図書館〈シェラマドレ〉」という作文の一部を紹介します。

ああ　なんとすてきな贈物
私たちの図書館「シェラマドレ」
ありがとう　神様
ありがとう　日本のみなさま
私たちは知っています
骨の折れるつらい仕事―
コトバを替え　デザインを加え
一頁一頁　一冊一冊心をこめて
私たちみんなが読めるように変身した本
大きな愛と知識にあふれた沢山の本

図5－19　みんなの愛する図書館「リブロシェラマドレ」

これが私たちの図書館「シェラマドレ」

（「百まいのきもの」金子多美江著『本と私』鶴見俊輔編　P125–P126．岩波新書より）

この図書館と読み聞かせボランティア部「オイガ」が、海外教育支援協会を通じてつながったのです。

2．絵本の英訳に苦労して

あさか開成高校は全国で初めての「国際科学科」という学科を有する単科の単位制の高校で、国際社会で活躍できる人材の育成をめざしています。２００５年に、創立10周年を迎える新しい学校で、生徒数７２０名の男女共学校です。

私が本校に赴任したのは、２００１年４月のことでした。赴任してすぐに、一年生の「世界史」の授業の中で、「10分間読書」を始めました。６月に入って、読書が終わったあとで、前任校（福島県立石川成高校）の読み聞かせグループ「エクテ・モア」の活動について話をしたところ、やってみたいという生徒が現われ、７月に読み聞かせボランティアサークル「オイガ」（oiga：スペイン語で「耳を傾けてね」という意味）が誕生しました。２００１年11月に同好会になり、２００２年４月に部となりました。最初は、市内の書店で先輩格の「エクテ・モア」と一緒に読み聞かせをし、活動のしかたを覚えました。現在は、学校の近くにある桃見台小学校の児童クラブや桃見台保育所で、定期的にお話会を開いています。

「オイガ」が活動をはじめて1年が経過した２００３年7月、私は英訳した絵本を海外に贈る活動を部員に提案しました。副部長の矢吹美姫さん（当時二年生）が前からやってみたかったということで、真っ先に賛成してくれました。三年生の村田紗季さんからもやってみましょうという声があがり、10月から本格的に絵本の英訳が始まりました。一冊の絵本を分担して英訳し、でき上がったものを持ち寄り検討したあとで、英語の先生やＡＬＴ（アシスタント・ランゲージ・ティーチャー）に訳がまちがっていないかどうか見てもらいました。こうしてできあがった英訳をシールに書き込み、絵本に貼りつけます。最後に、奥付のところに英訳に携わった生徒の写真やメッセージをつけて完成です。

図5-20　ビオレタさんと一緒に絵本の英訳をする部員

現在は、月に1回、土曜日の午後に、郡山細沼教会で在日フィリピン人の吉田　ビオレタ　マグラシアさんの協力を得ながら、絵本の英訳に取り組んでいます。ビオレタさんに英訳のお手伝いをお願いしたのは、同じ英語でも、イギリス、カナダ、オーストラリアなどでは、それぞれ微妙に言い回しが異なることから、フィリピンの人たちがふだん使っている英語に訳したかったからです。

部員の多くは英語が得意ではなく、英語の辞書と首っぴきで、悪戦苦闘しながら英訳をしています。また、絵本には独特の言い回しがありますので、とてもたいへんです。絵本全体の内容を把握したうえで訳さなければなりません。しかし、このたいへんな作業も苦労すればするほど大きな喜びと達成感を味わうことができます。

苦労して英訳した絵本『わにわにのごちそう』（小風さち作／山口マオ絵、福音館書店）に、次のような箇所があります。

がふっ　がふっ　がふっ　　むちゃ　むちゃ　むちゃ
ぐびっ　ぐびっ　ぐびっ

これをビオレタさんに訳してもらったら、次のようになります。

Gosh　gosh　gosh　chew　chew　chew
I　swallow　the　foods.

翻訳のたいへんさの一端を知っていただけたかと思います。

海外に絵本を贈る活動をしている学校はかなりの数ありますが、ほとんどの学校では、タイ語やラオス語、タガログ語といった現地の言葉に訳したシールを絵本に貼りつけるお手伝いをしています。

常々、私は部員に自分たちの力でやれること、自分たちでしかできないことをやるように勧めています。部員たちも苦労しながら英訳することに、この活動の意義を見出しています。海外教育支援協会の方々が、タガログ語に訳した絵本とともに、部員が苦労して英訳した絵本を、フィリピンの子どもたちに届けてくれています。

3. 絵本を通して世界と結ぶ

これまでに、『したきりすずめ』（岩崎京子作／井上洋介絵、にっけん教育出版社）、『ちからたろう』（いまえよしとも文／たしませいぞう絵、ポプラ社）など、10冊以上の英訳した絵本とタガログ語訳の絵本2冊を贈ることができました。

『ぞうくんのあめふりさんぽ』（なかのひろたか作・絵、福音館書店）、『わにわにのごちそう』など6冊の絵本がすでに英訳を終え、フィリピンに贈られるのを待っています。

絵本を生徒が勝手に英訳するのは、著作権上問題があるのではないかとのアドバイスを受けました。そこで海外教育支援協会に尋ねてみたところ、冊数が少なく、営利活動でもないこと、また英訳した文は絵の説明とみなされるので、このような形式の翻訳であればまったく問題はないとの返事でした。

海外教育支援協会に英訳した絵本を託そうと思ったのは、毎年8月にフィリピンでワークショップを開催していて、その際にタガログ語に訳した絵本を子ども図書館や周辺の村に届けているのを知っていたからです。部員が苦労して作った絵本をフィリピンの子どもたちに確実に届けたい、そのためには海外教育支援協会に頼むのが一番であると考えたからです。

図5-21　贈られた英訳の絵本を読むフィリピンの子どもたち

海外教育支援協会を知ったのは1997年頃のことで、前任校の文化祭で図書委員会の展示の一つとして同協会の活動について紹介したのがきっかけでした。ちょうど、福島空港の国際定期路線の開設が話題になっているときでしたので、空港に一番近い高校の一つとして、生徒たちの目を世界に向けたいという思いから企画しました。しかし、残念ながらフィリピンに絵本を贈る活動を展開するまでには至りませんでした。あさか開成高校に赴任し、読み聞かせボランティア部「オイガ」によって、念願であった活動が実現でき、とてもうれしく思っています。

図5-22　フィリピンに贈った絵本を囲んで

２００４年の６月と８月の２回にわたって、生徒たちが英訳した絵本を、海外教育支援協会を通じてフィリピンの子どもたちに届けてもらいました。８月のときには折からの台風で村に至る川が増水したため、協会の人たちは押し流されそうになりながらも絵本を届けてくれました。そして、絵本を届けるたびに、絵本を読んでいる子どもたちの写真や、図書館長のリサさんからのお礼の手紙が届き、部員たちは「写真を見たらうれしくなった」「楽しく読んでもらえて、うれしい」「絵本を通じて少しでも日本に興味をもってもらえたら」と、意欲を新たにしています。

私はこの活動を通して、地域だけではなく、広く世界に目を向け、絵本を手にすることができない世界の子どもたちに、自分たちで英訳した絵本を届け、喜んでもらえる活動を全国の中学高校生に知ってもらえたらと願っています。

そして、いつかフィリピンの山奥にある「リブロシェラマドレ」を訪ね、自分たちが苦労して英訳した絵本と再会できたら、どんなにすばらしいことかと思っています。

庄司一幸（福島県立あさか開成高等学校教諭）

あとがき——明日の読書文化のために

子どもたちの読書指導や読書教育の本については、中高生向けのもの、教師の読書指導のあり方についてのもの、学校図書館のデザインや選書や配架をはじめとする学校図書館司書や司書教諭の仕事についてのもの、あるいは公立図書館での青少年へのレファレンスや読書推進支援などの司書のあり方についてのものと、多様に分化し、おのおのの立場の人が使用しやすい形の本が、いろいろな組織を基盤にして出版されています。けれども、読書の中心にいる子どもたちの側の事実という視座を含みながら、大人のはたらきかけによって子どもたちにいま、何が起きているのかを明らかにし、それによって従来の縦割り型組織や境界を超えて、人と人がつながり交響する公共のコミュニティを模索しようというのが、本書編集の意図です。子どもの読書にかかわる生の声と姿を、そしてそこから明日の市民として育つ姿をという願いが、本書にすこしでも反映できたなら幸いです。

本巻の場合、学校の先生方に多数ご執筆いただいたという意味では、学校での読書のあり方が中心に本が創られています。これは中高生が最も長い時間を過ごすのが学校であるということや、フィンランドの実践にも現われていたように青年期読書では学校や図書館など公共の場の果たす役割が家庭以上に大きいということからも妥当といえるでしょう。しかしよく読んでいただくと、いわゆる従来の教師の教科指導や読書指導において考えられてきた役割を越えた異なる姿が記されています。本と子どもたちをつなぐことで、教師が子どもたちと結ばれ、さまざまな人と協働し、世界と、地域社会と、志と展望を共有する人たちと、市民として読書コミュニティをつくり結ばれていく姿、生徒たちが世界と出会い自己の可能性を引き出していくことを育み援助するという教育の本来的営みを行なっている姿が、本書一冊全体を通して現われているのではないかと思います。

3章、4章でも各章への解説を書いてきましたので、5章の実践についての解説を書いて、すこし長いあとがきとしたいと思います。

里美村、九戸村、石川町のいずれの実践も、地域で高校生の読書活動が契機となって、地域の幼児や小学生と高校生が出会ったり、地域での幼・小・中・高校間の教師の連携や地域の銀行や公民間とのネットワークができていく姿が描かれています。里美村では幼・小・中・高校が9年あるいは12年間にわたって朝の読書を続けていくことの意味が、生徒の言葉で語られていますし、本を読める子どもを育てたいという共通のビジョンをもつことで教師たちがつながっていく姿がみえます。また九戸村子ども読書会では一つのビジョンが25年間世代を超えて受け渡されていきます。また石川町での実践は、残念なことに町の中での活動は終わりましたが、その知恵が生かされて郡山市という別の場所の学校へと受け継がれています。そしてオイガの実践にみられるように、身近な地域だけではなく異なる社会へ本を訳して手渡すことから、異なる言葉の世界、異なる社会に生きる人々との対話の契機が生まれています。

この読書へのビジョンや本をめぐる活動システムとその知恵の共有が、市民による読書文化を作り出すといえるでしょう。本について語ること、本と向き合う子どもの姿について語ることで、中高生にとどまらず同時代に生きる大人や子どもへと絆が広がっていく様子がみられます。そしておそらくこのような読書を経験した中高生が大人になれば、市民として読書にかかわる行動をしたり、さらに彼らが親になったときには次の世代へと読書文化がつながっていくのではないかと考えられます。短期的効用が説明責任として求められがちな時代の中でも、息の長い実践を通した意味の形成こそが人の行為を支え、社会をつないでいくのではないでしょうか。

パウロ・フレイレは『希望の教育学』（１９９５）という本の中で「対話は他者の思考を使い、他者に向かって己を開く可能性の追求であって、孤立の中にはてていくものではない」と述べています。読書はテキストとの自己内対話を通して世界へと開かれ、また新たな地平へと出会い直していく営みです。そしてそれは他者との対話と自己内対話との循環の中で、より豊かになっていきます。コミュニティを意識した大人と子どもの共同構成のデザインと活動によって、想像の共同体が心の絆をもつ実体としてのコミュニティの形成を可能としていくことを、本巻の実践は示しているように思います。そしてそこにあるのは、堅い主義主張や行政や組織によるトップダウン的なコミュニティ論としての「あるべき読書論」イズムではなく、本を楽しみ感じてともに動くことから生成されていく交響曲のようなうねりのリズムに支えられていると思います。本の楽しみへと向けた輪がこれからも広がることに、一人ひとりが自由に参画していくことに期待したいと思います。

最後になりましたが、本シリーズの企画や編集に尽力してくださり、すてきな本を作成してくださった北大路書房の北川芳美さんと関一明さんに、心より感謝申し上げます。

読書コミュニティネットワークのメンバーは、本書執筆に携わった人たちだけではありません。本書のもととなる活動を支えてくださっている方々やいつも大会に参加してくださる方、一緒に裏方で大会準備の作業をしてくださる方、さらにはこれらの実践に登場した中高生たちへ感謝を記したいと思います。また読書コミュニティは読書コミュニティネットワークという閉じられた組織によるものでもありません。この本を読んで、興味をもってくださったり、ビジョンや意志を共有し行動しようと思ってくださる方によって、読書の輪がさらに広がり、見えなかった絆が確かにつながり、目にみえて協働できていくことを、編者として強く願っております。

平成17年7月

秋田　喜代美

VI　本文で紹介した本

『朝日キーワード2001』　朝日新聞社（編）　朝日新聞社　2001
『高齢化社会ときみたち』　三浦文夫　岩波ジュニア文庫　1988
『解説条約集［第10版］』　小田　滋、石本泰雄（編）　三省堂　2003
『人間のあゆみ』（全9巻）　理論社　1993
『まんが短歌なんでも事典』　須藤　敬（監）　阿木二郎（絵）　金の星社　1996
『わたしたちのアジア・太平洋戦争』（全3巻）　古田足日、米田佐代子、西山利佳（編）　童心社　2004

4章2節2
『優しさごっこ』　今江祥智（作）　長　新太（絵）　理論社　1977
『いちご同盟』　三田誠広　集英社文庫　1991

5章1節1
『朝の読書が奇跡を生んだ』　船橋学園読書教育研究会　高文研　1993
『続　朝の読書が奇跡を生んだ』　林　公、高文研編集部（編）　高文研　1996
『朝の読書実践ガイドブック』　林　公　メディアパル　1997

引用・参考文献

第１部

１章

秋田喜代美　1998　読書の発達心理学――子どもの発達と読書環境　国土社

秋田喜代美　2002　読む心・書く心――文章の心理学入門　北大路書房

秋田喜代美・久野雅樹（編）　2001　文章理解の心理学　北大路書房

ベッテルハイム、B.／波多野完治・乾佑美子（訳）　1978　昔話の魔力　評論社

ボールディング、E.／松岡享子（訳）　1988　子どもが孤独でいる時間　こぐま社

チェインバース、A.／こだまともこ（訳）　2003　みんなで話そう、本のこと――子どもの読書を変える新しい試み　柏書房

シェルチエ、R.／水林　章・泉　利明・露崎俊和（訳）　1992　書物から読書へ　みすず書房

船橋学園読書教育研究会　1993　朝の読書が軌跡を生んだ――毎朝10分　本を読んだ女子高生　高文研

フレイレ、P.／小澤力作・他（訳）　1979　被抑圧者の教育学　亜紀書房

花田達朗　1999　メディアと公共圏のポリティクス　東京大学出版会

国立オリンピック記念青少年総合センター基金部（編）　2001　子ども夢基金ガイド2002　国立オリンピック記念青少年総合センター

国立オリンピック記念青少年総合センター基金部（編）　2002　子ども夢基金ガイド2003　国立オリンピック記念青少年総合センター

熊倉峰広　2001　味見読書の手順「第４回朝の読書教育研究全国大会」実践報告資料

毎日新聞社　第50回読書調査　毎日新聞社

リオタール、J. F.／菅啓次郎（訳）　1998　こどもたちに語るポストモダン　ちくま学芸文庫

美智子　1998　橋をかける――子ども時代の読書の思い出　すえもりブックス

野口三千三　1975　原初生命体としての人間　三笠書房

オング、W. J.／桜井直文・林　正寛・糟谷啓介（訳）　1991　声の文化と文字の文化　藤原書店

大村はま　2003　大村はま96歳の仕事　小学館

長田　弘　1998　一人称で語る権利　平凡社

長田　弘　2001　読書から始まる　日本放送出版協会

サンダース、B.／杉本　卓（訳）　1998　本が死ぬところ暴力が生まれる――電子メディア時代における人間性の崩壊　新曜社

サルト、M.／宇野和美（訳）　2001　読書へのアニマシオン――75の作戦　柏書房

須賀敦子　2001　遠い朝の本たち　筑摩書房　p. 85.

津守　真　1991　シリーズ探求第10巻　障害児教育――発達の壁をこえる　岩波書店

Valijarvi, J., Linnakyla, P., Kupai, P., Reinikainen, P., & Arffman, I.,　2002　*The Finnish success in PISA and some reasons behind it: PISA 2000* Jyvaskyla: Kirjapaino Oma Oy.

全国学校図書館協議会　2004　第50回読書調査

2章

秋田喜代美　1998　読書の発達心理学――子どもの発達と読書環境　国土社
秋田喜代美　2005　教育におけるアクションリサーチ　秋田喜代美・恒吉僚子・佐藤　学（編）教育研究のメソドロジー――学校参加型マインドへの誘い　東京大学出版会
秋田喜代美・市川伸一　2001　教育・発達研究における実践研究　南風原朝和・市川伸一・下山晴彦（編）心理学研究法――調査・実験から実践まで　東京大学出版会
延藤安弘　2001　「まち育て」を育む――対話と協働のデザイン　東京大学出版会
苅谷剛彦（編）2004　創造的コミュニティのデザイン――教育と文化の公共空間　有斐閣
松原治郎　1978　コミュニティの社会学　東京大学出版会
大村はま　1977　読書生活指導の実態　共文社
大村はま　1984a　大村はま国語教室第７巻　読書生活指導の実際　筑摩書房
大村はま　1984b　大村はま国語教室第８巻　読書生活指導の実際（二）筑摩書房
竹内整一　2004　「おのずから」と「みずから」日本思想の基底　春秋社
東京大学教育学部付属中等教育学校　2005　生徒が変わる卒業研究――総合学習で育む個々の能力　東京書籍
ウェンガー、E., マクダーモット、R., スナイダー、W. M.／野村恭彦（監）野中郁次郎（解説）桜井祐子（訳）2002　コミュニティ・オブ・プラクティス――ナレッジ社会の新たな知識形態の実践　翔泳社

第2部

3章

CAL（最先端学習センター）（編）2005　私学の挑戦―― The　授業― Vol. 3　銀の鈴社
読書コミュニティネットワーク（編）2002　朝の読書から読書コミュニティを創る　明治図書
黒木秀子・鈴木淑博　2004　子どもと楽しく遊ぼう　読書へのアニマシオン――おすすめ事例と指導のコツ　学事出版
ペナック、D.／浜名優美・木村宣子・浜名エレーヌ（訳）1993　奔放な読書――本嫌いのための新読書術　藤原書店
サルト、M.／宇野和美（訳）2001　読書へのアニマシオン――75の作戦　柏書房
初等中等教育局教育課程課（編）2004　中等教育資料　2004年９月号　ぎょうせい

4章

Belenky, M. F. et al.（Eds.）1997　*Woman's ways of knowing: the development of self., voice and mind.* 2nd Ed. New York Books.
読書コミュニティネットワーク（編）2002　朝の読書から読書コミュニティを創

る　明治図書
藤沢伸介　2002　ごまかし勉強――学力低下を助長するシステム（上）（下）　新曜社
川真田恭子　アメリカの学校図書館　ひつじ書房（印刷中）
庄司一幸　2000　朝の読書――夢ありて楽し　歴史春秋社

5章

秋田喜代美（編）　2004　子どもたちのコミュニケーションを育てる　教育開発研究所
読書コミュニティネットワーク（編）　2002　朝の読書から読書コミュニティを創る　明治図書
里美村朝の読書研究協議会（編）　2000～2004　心を耕す　朝の読書　実践記録集　第１集～第５集
庄司一幸　2000　朝の読書――夢ありて楽し　歴史春秋社
庄司一幸・新井国彦・神永利一・松山賢二・曽我部容子　2002　朝の読書から読書コミュニティをつくる――夢はみんなで紡ぐもの　明治図書

あとがき

フレイレ、P.（著）／里美　実（訳）　2001　希望の教育学　太郎次郎社

本文で紹介した本

3章1節2

『ハードル』　青木和雄　金の星社　1999
『時をかける少女』　筒井康隆　角川書店　1976
『お父さんのバックドロップ』　中島らも　集英社　1993
『西の魔女が死んだ』　梨木香歩　新潮社　2001
『きよしこ』　重松　清　新潮社　2002
『ぼくはここにいる』　さなともこ　講談社　1998
『ピーボディ先生のりんご』　マドンナ（著）／村山由佳（訳）　ホーム社（集英社）　2004
『イヴの満月』　澤田徳子　教育画劇　2001
『卵の緒』　瀬尾まいこ　マガジンハウス　2002
『グッドラック』　アレックス・ロビラ、フェルナンド・トリアス・デ・ベス（著）／田内志文（訳）　ポプラ社　2004
『茶色の朝』　フランク・パヴロフ、ヴィンセント・ギャロ（著）／藤本一勇、高橋哲哉（訳）　大月書店　2003
『落ちこぼれてエベレスト』　野口　健　集英社　2003
『ハードル２』　青木和雄　金の星社　2004

3章1節3

『おじいちゃんの口笛』　ウルフ・スタルク（作）　アンナ・ヘグルンド（絵）／菱

木晃子（訳）　ほるぷ出版　1995
『いちご同盟』　三田誠広　集英社文庫　1991
『夏の庭 The Friends』　湯本香樹実　新潮文庫　1994
『少年』　ビートたけし　新潮文庫　1992
『ユタと不思議な仲間たち』　三浦哲郎　新潮文庫　1984
『あのころはフリードリヒがいた』　ハンス・ペーター・リヒター（著）／上田真而子（訳）　岩波少年文庫　2000
『父がしたこと』　ニール・シャスターマン（著）／唐沢則幸（訳）　くもん出版　1997

3章2節1

『現代人の伝記』（全3巻）　致知出版社（編）　致知出版社　2004

3章2節2

『君たちは偉大だ』　百瀬昭次　偕成社　1980
『君たちは受験生』　百瀬昭次　偕成社　1992
『新米校長奮戦記』　中村　諭　文芸社　1999
『本を読む理由――たとえばある人間の悩みと成長』　ハイブロー武蔵　総合法令出版　2001
『ガルシアへの手紙』　エルバート・ハバード（著）／ハイブロー武蔵（訳）　総合法令出版　2001
『万策尽きたとあきらめずに』　山田暁生　山田中学生問題研究所　2001

3章3節1

『生きがいについて』　神谷美恵子　みすず書房　1966
『夜と霧』　ヴィクトール・E・フランクル（著）／池田香代子（訳）　みすず書房　1971

3章3節2

『鈴の鳴る道――花の詩画集』　星野富弘　偕成社　1986
『もう一度この手で、抱きしめたい』　春山　満　幻冬舎　2002
『「生と死の教育」の実践』　古田晴彦　清水書院　2002
『だれもしらない』　灰谷健次郎（作）　長谷川集平（絵）　あかね書房　1981
『キング牧師の力づよいことば――マーティン・ルーサー・キングの生涯』　ドリーン・ラパポート（文）　ブライアン・コリアー（絵）／もりうちすみこ（訳）　国土社　2002
『勇気』　バーナード・ウェーバー／日野原重明（訳）　ユーリーグ　2003
『おとなになれなかった弟たちに…』　米倉斉加年（文・絵）　偕成社　1983
『アジアのこころ』　葉　祥明（文・絵）　自由国民社　1999
『マザー・テレサ――かぎりない愛の奉仕』　沖　守弘　くもん出版　2002
『かぎりなくやさしい花々』　星野富弘　偕成社　1986
『「人生の答」の出し方』　柳田邦男　新潮社　2004

『夜と霧』 ヴィクトール・E・フランクル（著）／池田香代子（訳） みすず書房 1971
『夜と霧 新版』 ヴィクトール・E・フランクル（著）／池田香代子（訳） みすず書房 2002
『夜と霧――ドイツ強制収容所の体験記録』 ヴィクトール・E・フランクル（著）／霜山徳爾（訳） みすず書房 1971

4章1節1

『魔法使いハウルと火の悪魔』 ダイアナ・ウィン・ジョーンズ（著）／西村醇子（訳）徳間書店 1997
『ダヴィンチコード』 ダン・ブラウン（著）／越前敏弥（訳） 角川書店 2004
『半落ち』 横山秀夫 講談社 2002
『いま、会いにゆきます』 市川拓司 小学館 2003
『グッドラック』 アレックス・ロビラ、フェルナンド・トリアス・デ・ペス（著）／田内志文（訳） ポプラ社 2004
『世界の中心で愛をさけぶ』 片山恭一 小学館 2001
『東京タワー』 江國香織 マガジンハウス 2001
『夜回り先生』 水谷 修 サンクチュアリ・パブリッシング 2004
『蹴りたい背中』 綿矢りさ 河出書房新社 2003
『冬のソナタ』 キム・ウニ、ユンウンギョン（著）／根本理恵（訳） ソニー・マガジンズ 2004
『号泣する準備はできていた』 江國香織 新潮社 2003

4章2節1

『天職事典――好きな仕事が見つかる本』 造事務所 PHP研究所 2000
『新100の仕事』 エディト（編） 竹村出版 1998
『13歳のハローワーク』 村上 龍 幻冬舎 2003
『分解ずかん8 パソコンのしくみ』 しおざきのぼる（文・絵） 岩崎書店 2002
『新ウォーリーをさがせ！』 マーティン・ハンドフォード（作・絵）／唐沢則幸（訳） フレーベル館 2000
『ジュマンジ』 クリス・ヴァン・オールズバーグ（著）／辺見まさなお（訳） ほるぷ出版 1984
『宮沢賢治どうわえほん』（全8巻） 講談社 1985～1986
『折り鶴は世界にはばたいた』 うみのしほ（作） 高田三郎（絵） PHP研究所 1998
『情報収集・問題解決のための図書館ナレッジガイドブック』 東京都立中央図書館（編） ひつじ書房 2003
『調べ学習ガイドブック 2004～2005』 神林照道（監） こどもくらぶ（著） ポプラ社 2004
『調べ学習ガイドブック 2002～2003』 神林照道（監） ポプラ社 2002
『イラストで学べる著作権』（全3巻） 著作権情報センター（編） 汐文社 2004
『日本統計年鑑』（年度版） 総務省統計研修所（編） 総務省統計局

【執筆者一覧（執筆順）】

秋田喜代美　編者、１章、２章、３章４節、４章３節
庄司　一幸　編者、４章１節２、５章１節３、５章２節
松山　賢二　中越学園中越高等学校　３章１節１
宮本由里子　東京都品川区立八潮中学校　３章１節２
鈴木　淑博　慶應義塾普通部　３章１節３
夏目　研一　公立中学校　３章２節１
新井　国彦　高崎市立中尾中学校　３章２節２
金子　　暁　広尾学園中学校・高等学校　３章３節１
和田　忠篤　新潟県立柏崎高等学校　３章３節２
曽我部容子　順心女子学園中学校・高等学校　４章１節１
川真田恭子　京北学園京北中学校・高等学校、白山高等学校　４章２節１
長澤　友香　静岡市立清水興津中学校　４章２節２
神永　利一　茨城県立里美高等学校　５章１節１
石倉　節子　岩手県立盛岡商業高等学校　５章１節２

【編者紹介】

秋田喜代美（あきた・きよみ）
大阪府生まれ
東京大学大学院教育学研究科博士課程修了
現　在　東京大学大学院教育学研究科教授，博士（教育学）
〈主　著〉
『読書の発達心理学』　国土社　1998年
『子どもをはぐくむ授業づくり』　岩波書店　2000年
『文章理解の心理学』（共編著）　北大路書房　2001年
『読む心　書く心　文章の心理学入門』（編著）　北大路書房　2002年
『教育研究のメソドロジー』（共編著）　東京大学出版会　2005年

庄司一幸（しょうじ・かずゆき）
福島県生まれ
福島大学教育学部卒業
現　在　福島県立あさか開成高等学校教諭，読書コミュニティネットワーク代表
〈主　著〉
『朝の読書――夢ありて楽し』　歴史春秋社　2000年
『朝の読書から読書コミュニティを創る――夢はみんなで紡ぐもの』（共編著）　明治図書出版　2002年

シリーズ　読書コミュニティのデザイン

本を通して世界と出会う

中高生からの読書コミュニティづくり

2005年8月20日　初版第1刷発行
2008年6月20日　初版第2刷発行

定価はカバーに表示してあります。

編　者　秋田喜代美・庄司一幸
著　者　読書コミュニティネットワーク
発行所　㈱北大路書房
〒603-8303 京都市北区紫野十二坊町12-8
電話 (075) 431-0361㈹
FAX (075) 431-9393
振替 01050-4-2083

印刷・製本●創栄図書印刷㈱

ISBN978-4-7628-2453-1　Printed in Japan